하루 한 줄
인생 명언
365

하루 한 줄
인생 명언
365

김시현 지음

다른
상상

들어가며

인생의 갈림길에 서 있을 때 지혜로운 조언이 절실했다. 그래서 책을 파고들었다. 가슴을 후벼파는 명언을 발견할 때마다 나도 죽기 전에 이런 통찰을 남길 수 있는 삶을 살고 싶다고 생각했다. 심장을 꿰뚫을 것 같은 명언을 그대로 흘려보내기가 싫어서 읽고 또 읽어 마음에 새겼다. 영원히 보존하고 싶은 명언을 독자님들과 나누고 싶어 이 책을 썼다. 흩어져 있는 명언을 모아서 엮어보니 그동안 독서를 하며 변화해온 삶의 과정이 명언의 발자국을 따라갔다는 걸 깨달았다.

명언은 존재의 근원을 탐구하는 철학적 성찰의 결과물이다. 한 인간의 삶에서 우러나온 깊은 통찰과 경험의 결정체다. 그것을 남긴 사람의 인생이 고스란히 담겨 있다. 살아오며 겪은 시행착오, 깨달음, 고뇌, 이상이 함축되어 있다. 한 사람이 이룬 삶의 궤적이자 고뇌와 깨달음의 결과물이다.

빈센트 반 고흐는 평생을 가난한 무명화가로 살았다. 생전에 팔린 그림은 단 한 점이었다. 그런데 어떻게 유명해진 걸까? 고흐의 명성은 그가 남긴 편지가 대중에게 알려지기 전과 후로 나뉜다. 고흐는 줄곧 그림을 향한 자신의 마음을 편지에 적어 동생 테오에게 전하곤 했다. 그렇게 남긴 650통의 편지를 고흐 사후에 세상에 출간한 것이 시작이었다. 편지 속에 담은 그림을 향한 처절할 정도의 순수한 애정과 고뇌와 깨달음이 사람들의 가슴을 울렸고 그의 작품을 다시 보는 계기가 되었다.

글이 가진 힘은 시공을 초월한다. 우리가 명언에 감명받는 것은 글 속에 담긴 삶의 깊이를 느낄 수 있기 때문이다. 명언은 삶의 모든 순간을 응축한 한 줄기의 빛과 같다. 명언 한 줄이 심장을 뛰게 하고 삶을 돌아보게 만든다.

명언은 한 인간의 삶에서 우러나온 진실한 목소리다.
명언 한 줄에서 시대를 초월하는 지혜를 발견한다.
명언은 시대를 넘어 공감대를 형성하는 언어의 교각이다.

명언을 남긴 이들은 대부분 평탄한 삶을 살지 않았다. 실패하고, 좌절하고, 고민하면서 자신만의 길을 향해 걸어갔다. 이들이 남긴 말들은 묵직한 돌처럼 단단하고 명료하다. 삶에

위기가 찾아올 때마다 등불처럼 마음을 밝혀준 명언을, 이제 독자 여러분께 조용히 건네고자 한다. 이 책에서 나는 명언에 대한 현대적이고 개인적인 해석을 덧붙였다. 글 한 줄을 통해 명언을 남긴 이와 정서적 연대를 이룬다면, 우리는 그 어떤 인생의 파도도 힘차게 건널 수 있을 것이다.

김시현

1장

삶의 기본을 세우는 법

2장

타인과 지혜롭게 공존하는 법

3장

내 일을 유능하게 해내는 법

4장

시간이라는 선물을 잘 사용하는 법

5장

감정을 성숙하게 다스리는 법

6장

품격 있게 나이 들어가는 법

1장

삶의
기본을 세우는 법

물이 깊지 않으면
큰 배를 띄울 수 없다

성공은 인내와 노력의 결과물이지, 요행의 산물이 아니다.

워런 버핏

위대한 일은 당신이 준비를 갖추었을 때만 할 수 있다.

스티브 잡스

승리는 운이 좋은 자가 아니라 가장 잘 준비한 자의 것이다.

나폴레옹 보나파르트

깊이 있는 바다에서만 위대한 배는 떠난다.

허먼 멜빌

성공하는 사람과 아닌 사람을 구분짓는 것은
결정적인 한순간이 아니다.
매일 무엇을 반복하고 있는지가 그 운명을 결정한다.

찰스 두히그

내일을 준비하는 최선의 방법은
오늘의 삶에 최선을 다하는 것이다.
H. 잭슨 브라운 주니어

　　큰 배를 띄우려면 물이 깊어야 하듯 큰 성과를 이루려면 그
에 맞는 준비가 필요하다. 준비도 되어 있지 않은데 결과가 나
오길 바라는 조급함은 현대인의 병폐다. 물이 깊지 않다면 큰
배를 띄울 만한 힘이 없다. 오직 실력을 갈고닦아 준비한 사람
만이 기회를 자신의 것으로 만들 수 있다. 우리를 구원하는 것
은 실력뿐이다.

　　실력도 없는데 결과가 나오길 바라게 되는 원인은 자신을
있는 그대로 바라보지 못하는 데 있다. 자기 객관화가 잘 되는
사람은 자신의 실력 유무를 정확히 알고 있다. 실력의 유무를
객관적으로 판단할 줄 아는 사람만이 실력을 기를 수 있다. '이
정도면 괜찮지'라고 생각하는 순간 실력 쌓기와는 멀어진다.

진정한 실력은 세상을 뚫고 나오는 송곳과 같다. 아무리 감추려 해도 빛나고, 아무리 숨기려 해도 날카롭고 예리하다. 눈빛 하나, 몸짓 하나, 목소리 톤마저도 실력이 깃들어 있다. 그래서 사람을 많이 상대하는 직업군에서는 실력자들의 목소리를 알아본다고 한다. 그들의 목소리는 시끄러운 공간에서도 명확하게 들린다. 내면의 자신감과 실력은 몸으로, 목소리로, 눈빛으로 뚫고 나오기 때문이다.

진정한 실력자는 그 어디에 있더라도 안개를 걷히게 하고, 불명확한 것을 명확하게 만들며, 보이지 않는 것을 보이게 하고, 풀리지 않는 문제를 풀어낸다. 무엇을 하든 답답하고 불안하다면, 기복이 심하거나 감정 변화가 요동을 친다면 실력을 더 갈고닦아야 한다는 의미다.

진정한 실력자는 자신을 극복하고 한결같은 루틴과 패턴을 오랜 세월 반복해온 사람이다. 긴긴 시간 동안 넘어설 수 없는 그 무엇을 초극하며, 자신을 다스려온 사람이다. 자신을 태우기 전에 진정한 실력을 갖추기는 어렵다. 자신을 태워 스스로 빛을 내어 세상이라는 표면을 뚫기 전에는 실력자라 할 수 없다. 세상을 뚫을 만한 빛이 내면에 깃들어 있는가? 그렇다고 대답하지 못한다면, 자신을 태우지 못한 사람이다. 자신을 태워 재가 되어 날아가버릴 듯한 고통을 경험하지 못한 사람이다.

비워야 채운다. 잃어야 얻는다. 태워야 빛난다. 태어나면서부터 실력을 갖춘 사람은 없다. 타고난 재능이 있는 사람도 존재하지만 타고난 재능만 믿고 실력 연마를 게을리하면 한계가 온다.

오늘 진정한 실력을 쌓지 못하면 내일은 시간과 돈에게 부림을 당하는 노예가 될 것이다. 실력 앞에서는 모두가 평등하다. 실력은 시간과 에너지를 필요로 하기 때문이다. 실력은 공짜로 얻을 수 없다. 실력의 성분은 피와 땀과 눈물이다. 우리의 시간과 에너지는 어디로 흐르고 있는가? 진정한 실력은 본질이다. 실력이 있다면 돈과 시간이라는 부록이 자연스럽게 따라온다.

실력이라는 배를 타고 대양을 항해하는 우리는, 때로는 폭풍우를 만나고 때로는 잔잔한 물결 위를 떠간다. 그 과정의 끝에는 진정한 자유와 깨달음이 기다리고 있다. 그 힘으로 세상을 밝히는 등대가 되어라. 그때 비로소 삶이라는 큰 배를 자신 있게 띄울 수 있다.

내 운명을
남에게 물어보고 다니지 말라

스스로에게 등불이 되어라.

석가모니

우리는 우주의 일부이지만
동시에 우주를 탐구하고 이해하며
자신의 운명을 개척하는 존재다.

칼 세이건

가장 현명한 사람은 자신만의 방향을 따른다.

에우리피데스

타인을 아는 사람은 지혜로운 자이나
자신을 아는 사람은 깨달음을 얻은 자이다.

노자

인생은 자신을 찾는 것이 아니라 자신을 만들어가는 것이다.

조지 버나드 쇼

당신이 할 수 있다고 믿든, 할 수 없다고 믿든
믿는 대로 될 것이다.

헨리 포드

우리 사회에서 점집의 존재감은 무시할 수 없을 정도로 크다. 한국의 점집 시장 규모는 연간 5조 원에 달한다. 이 놀라운 수치는 사람들이 얼마나 자신의 미래에 대해 불안해하고 있는지를 여실히 보여주는 지표다. 하지만 이러한 현상은 우리의 삶에 대한 깊은 성찰을 요구한다. 자신의 운명은 그 누구도 아닌 자기 자신이 가장 잘 알고 있어야 한다. 우리는 왜 자신의 운명을 남에게 물어보고 다니는 것일까?

우리는 자신의 꿈, 열정, 능력 그리고 한계를 누구보다 잘 이해하고 있다. 그럼에도 불구하고 많은 이들이 점집을 찾는 이유는 바로 자신의 삶에 '심은 것'이 없기 때문이다. 노력과 투자 없이 결실을 바라는 것은 어불성설이다. 농부가 씨앗을 뿌리지 않고 수확을 기대할 수 없듯이 인생도 마찬가지다.

불안의 근원은 인정하고 싶지 않아도 자신이 잘 알고 있을 것이다. 남들에게 야박한 말을 하고, 옳은 행동을 하지 않으며, 양심적으로 살지 않는다. 자신의 성장과 발전을 위한 투자도 게을리한다. 이렇게 살다 보면 당연히 미래가 불안하고 불확실해질 수밖에 없다. 심은 것이 없으니 불안할 수밖에 없고, 일시적 위안을 얻기 위해 결국 점집으로 발걸음을 옮기는 것이다.

미래에 대한 불안감과 궁금증을 해소하고 싶어 하는 심리를 이용해 일부에서는 미래를 예측하고 조언을 해주는 서비스를 제공하고 있다. 하지만 미래는 유동적이다. 그 누구도 정확하게 예측할 수 없다. 근본적인 해결책이 될 수 없는 것이다. 다른 사람이 내 삶에 대해 나보다 더 잘 아는 방법은 없다. 점쟁이가 아니라 점쟁이 할아버지도, 지구상의 그 어떤 누구도 내 삶에 대해서 더 잘 아는 사람은 없다. 점을 보는 행위는 삶에 대한 책임을 회피하게 만들고, 스스로의 힘으로 문제를 해결하는 기회를 빼앗아간다. 자신의 삶을 온전히 살아내는 것에 대한 책임 회피일 뿐이다.

운명을 스스로 개척해 나가는 삶, 즉 주체적인 삶을 사는 것이 얼마나 중요한지 알고 있는 사람은 자신의 운명을 남에게 물어보고 다니지 않는다. 주체적인 삶이란 자신의 선택과 행동에 책임을 지고, 스스로의 힘으로 미래를 만들어가는 것을 의미한다.

미래는 언제나 불확실하다. 하지만 이 불확실성을 두려워하지 말고, 그것을 받아들이고 적극적으로 대처하는 자세가 필요하다. 점쟁이의 말에 의존하는 대신, 자신의 직관과 판단력을 믿고 결정을 내리는 용기가 필요하다. 자신의 판단력과 직관력이 언제나 맞는 것은 아니다. 하지만 스스로 판단하고 직관하는 경험을 쌓아갈수록 삶을 성장시키는 귀중한 자산이 된다. 점집에 갈 돈이 있다면 그걸로 사랑하는 사람과 맛있는 음식을 먹으며 좋은 시간을 보내는 것이 훨씬 더 나은 미래를 만들어줄 것이다.

운명에 대한 지나친 집착은 현재의 삶을 놓치게 만든다. 미래에 대한 불안으로 현재의 소중한 순간들을 제대로 누리지 못하는 경우가 많다. 하지만 진정한 행복과 성취는 현재에 충실히 살아갈 때 얻을 수 있다. 지금 이 순간 최선을 다하는 것이 가장 확실한 미래 준비다. 우리의 삶은 미리 쓰인 각본이 아니다. 그것은 우리가 매일 새롭게 써나가는 창작물이다. 허상의 안도감에 기대어 살 것인가, 아니면 불확실성 속에서도 자신의 힘으로 미래를 개척해 나갈 것인가?

인생이라는 캔버스 위에
담대한 획을 그어라

두려움은 행동의 결핍에서 생긴다.

데일 카네기

현재 어떤 존재가 될 수 없다면 '될 수 있을 법한' 존재가 되겠다.
무엇이 '될 수도 있었던' 사람보다는 무엇'이었던' 사람이 되겠다.
한번도 그 존재가 되어보지 못했던 사람이 아닌
그 존재로 살아보겠다.

밀턴 베를

결단이 없으면 아무것도 성취되지 않는다.

벤저민 디즈레일리

불안 속에서 몇 번을 주저하더라도
비로소 선택을 내리고 나아갈 때 우리는 성장한다.

오스카 와일드

망설이는 호랑이는 벌보다 못하다.

사마천

언제 시작할까를 생각하는 것은 그만큼 때를 늦추는 것이다.

토머스 칼라일

계속 망설인다면 선택의 길은 많이 남겠지만
결국 아무것도 얻을 수 없다.

루이스 캐럴

인생의 어느 시점에 이르면 과감하게 결단을 내리고 용기 있게 행동해야 할 때가 반드시 온다. 우물쭈물하다가 결단할 시기를 놓치면 주변 상황은 계속 달라진다. 결국 때를 놓치고, 마음의 온도는 식어버린 채로 그렇게 원하던 삶에서 멀어진다. 용기는 반복적인 행동을 통해 길러진다. 망설일 시간에 과감하게 행동을 한다면 용기를 내는 것이 그렇게 힘든 일이 아니라는 경험치가 쌓인다. 작은 일부터 결단을 내리는 습관은 큰 도전에 직면해도 머뭇거리지 않는 태도를 만들어준다.

걱정을 멈추고 행동을 시작하자. 아무리 걱정을 해도 현실은 달라지지 않는다. 결단을 내리지 못하면 그 어떤 시작도 할 수 없다.

　나는 전업작가의 삶을 결정하기 위해 6개월 정도를 고민했다. 일을 하면서 글을 쓰는 일이 가능할 것이라는 건 착각이었다. 일도 제대로 하지 못하면서 글을 쓸 시간조차 없었다. 일하는 시간을 줄여도 글에 집중할 에너지는 턱없이 모자랐다. 결단을 내려야 할 시간이 다가왔다. 생활고는 이미 오랜 기간 겪어왔기에 넌더리가 날 정도였으나 이러다가 세월만 가고 칠순이 넘어서 '나도 젊은 시절에는 글을 쓰고 싶었지…'라는 후회를 할 것 같았다.

　머릿속에서 아무리 계산기를 두드려도 뾰족한 수가 없었다. 당장은 재정적으로 쉽지 않겠지만, 모든 시간과 에너지를 집중해서 글을 써야겠다는 결론을 내렸다. 미래의 나에게 미안해하지 않기 위해 작가의 삶을 결정했다. 하루 종일 글을 읽고, 쓰고, 구상하고, 정리하는 삶은 예상보다 더 행복했다. 경제적인 어려움이란 고통을 상쇄할 정도의 희열이 넘쳤다.

그동안 쓰고 싶었던 주제의 책을 쓰기 시작했다. 그렇게 하루 종일 맹렬하게 글을 쓰는 생활을 한 지 2년 만에 네 권의 책을 세상에 내놓았다. 그토록 염원했던 전업작가의 삶이 시작된 것이다. 만약 그 시절, 지긋지긋한 생활고가 두려워 결정을 내리지 못한 채 망설이기만 하다가 2년, 3년이 지나고 5년, 10년이 흘러갔으면 어떻게 되었을까?

작가가 되고 싶다는 마음의 소리가 커져가는 걸 경제상황이라는 보기 좋은 핑계로 묵살할 수도 있었다. 늘 꿈꾸던 삶을 살기 위해서는 현실적인 어려움마저 묵살할 수 있는 용기가 필요했다. 용기는 단순히 두려움이 없는 상태가 아닌 두려움을 극복하고 행동으로 나아가는 힘이다. 용기가 생기자 두려움 없이 내달리기 시작했다. 글을 쓰고, 또 글을 쓰고, 그렇게 10년의 세월이 흘렀다. 이 책은 9번째 출간하는 책이다. 이 모든 것이 전업작가가 되겠다고 결심한 순간부터 생긴 일이다. 그때 결단을 내리지 않았다면 10년이 지난 지금까지도 망설이고 있었을 것이다.

삶이라는 무대 위에서 우리는 각자의 대본을 쥐고 있다. 그 대본은 백지와도 같아서, 결단과 행동으로 채워나가야 한다. 망설임은 그저 잉크를 말리는 바람일 뿐. 과감한 결단은 붓을 들어 첫 획을 긋는 것과 같다. 그 한 획으로 인해 백지는 더 이상 공허하지 않으며, 우리의 삶 또한 생동감 넘치는 이야기로 채워진다. 망설임이라는 쇠사슬을 끊고 일어서라. 붓을 들어 인생이라는 캔버스 위에 담대한 획을 그어라. 위대한 출발은 바로 여기서부터 시작한다.

두려울 때마다
책을 읽어라

좋은 책을 읽는 것은
과거의 가장 뛰어난 이들과 대화하는 것이다.

르네 데카르트

오늘날의 나를 만든 건
내가 살던 마을의 작은 도서관이었다.
하버드 졸업장보다 소중한 것이 독서하는 습관이다.
100년이 지나도 200년이 지나도
결코 컴퓨터는 책을 대체할 수 없다.

빌 게이츠

책 읽는 습관이 있다면
인생의 모든 불행으로부터
스스로를 지킬 피난처를 가지고 있다는 것이다.

윌리엄 서머싯 몸

독서란 우리가 모르는 것을 알게 하고,
우리가 두려워하는 것을 두렵지 않게 한다.

에드먼드 버크

책은 두려움을 해소하는 빛이다.

에리카 바워마이스터

책을 통해 우리는 미지의 두려움을 이해하고,
그 속에서 용기를 찾는다.

칼 세이건

책은 인생의 험준한 바다를 항해하는 데
도움이 되는 나침반이요, 망원이요, 육분의요, 도표이다.

제시 리 베넷

삶에서 느끼는 두려움의 상당 부분은 알지 못하는 것에서
온다. 독서는 그 미지의 영역을 밝혀주는 등불 역할을 한다. 책
을 통해 다른 이들의 경험과 지혜를 간접적으로 체험하면서
지금 앞에 놓인 문제들에 대한 해답을 찾아갈 수 있다. 나 역시

삶의 여러 국면에서 두려움과 불안을 경험했다. 20대 중반, 대학을 졸업하고 사회에 첫발을 내디뎠던 때의 불안감은 지금도 생생하다. 미래에 대한 불확실성, 경쟁 사회에서 살아남을 수 있을까 하는 의구심, 내가 가진 능력에 대한 불신이 20대 내내 나를 괴롭혔다.

그 시절 우연히 읽은 책이 알랭 드 보통의 《불안》이었다. 이 책을 읽으면서 나는 알 수 없는 불안과 두려움을 혼자만 느끼는 것이 아니라 인간이라면 어쩔 수 없이 누구나 느끼는 감정이라는 것을 알았다. 불안이 인간의 보편적인 감정이며, 그것을 어떻게 다루느냐에 따라 삶을 성장시키는 원동력이 될 수 있다는 점을 배웠다. 책을 읽고 나니 더 이상 외롭거나 불안한 마음이 들지 않았다. 책을 통해 인간은 시공을 초월해서 누군가와 깊게 연결될 수 있다는 걸 깨달았다.

독서만으로 모든 문제가 해결되는 것은 아니다. 독서는 문제를 바라보는 새로운 시각을 제공하고, 해결의 실마리를 찾을 수 있는 길을 보여준다. 때로는 책 속의 이야기가 오래된 상처를 어루만져 주기도 한다.

헤르만 헤세의 《수레바퀴 아래서》를 읽는 동안 나는 청소년기에 아무도 몰라주었던 아픔을 치유받았다. 공교육이라는 거대한 수레바퀴에 억눌려 있던 과거의 아픔이 주인공의 이야기를 통해 조금씩 녹아내리는 것을 느꼈다. 나만 그런 고통을 겪은 게 아니라는 사실을 알게 되면서, 묘한 위로와 해방감이 찾아왔다. 헤세의 섬세한 문장들은 마음속 깊이 묻어두었던 감정들을 하나씩 끄집어내어 정화시켜 주었다. 이 경험을 통해 과거의 나를 이해할 수 있었다.

독서는 단순히 정보를 쌓는 것이 아니다. 정보를 깊이 있게 이해하고 자신의 경험과 연결 지어 내면화하는 과정이다. 이 과정에서 자신이 몰랐던 것들을 직면하고, 동시에 채워나갈 수 있는 기회를 얻는다. 책을 통해 다양한 관점과 간접 경험을 접하면서, 편견과 한계를 인식하고 극복하게 된다. 이렇게 확장된 시야와 깊어진 이해는 세상을 더 넓고 풍부하게 바라볼 수 있게 해주며, 알지 못하는 것에서 오는 두려움을 극복할 수 있는 지혜와 용기를 제공하는 강력한 도구가 된다.

삶이 두렵다면 책을 읽어라. 그 안에 당신이 찾는 답이 있을 것이다. 아니면 적어도 그 답을 찾아갈 수 있는 방향을 제시해 줄 것이다. 책은 다정한 친구이자 매서운 스승이며, 우리를 구원해주는 등불 같은 존재다. 두려움과 불안으로 가득 찬 이 세상에서 책은 안전한 피난처를 제공하고, 세상을 더 넓고 깊게 이해할 수 있는 커다란 창이 되어줄 것이다.

아무것도 하지 않는 것이 실패다

결국 시도하는 사람만이 무엇인가를 얻는다.

조지 버나드 쇼

행동하는 사람은 결과에 상관없이 항상 배우게 된다.
시도하지 않는 사람은 아무것도 얻을 수 없다.

존 스튜어트 밀

20년 후 당신은
한 것보다 하지 않은 일로 더 큰 실망을 느낄 것이다.

마크 트웨인

행동 없는 아이디어는 그저 환상일 뿐이다.

앤디 워홀

위대한 도약은 생각이 아니라 행동으로 이루어진다.

쇠렌 키르케고르

하려는 마음만으로 그쳐서는 안 된다. 해야 한다.

레오나르도 다빈치

하루에 15시간 책을 읽었다는 말을 들으면 대부분 의심의 눈초리를 보낸다. 한 번도 그런 경험을 해본 적이 없는 사람은 다른 사람도 하지 못할 거라고 지레짐작한다. 인식은 경험에 의해 형성되기 때문이다. 바다를 한 번도 보지 못한 사람이 그 깊이와 넓이를 짐작할 수 없는 것은 당연하다. 내 경험의 크기가 곧 내 세계의 크기다. 한 번도 바다를 보지 못한 채 살아갈 것인가? 다채로운 인생을 원한다면 새로운 경험 앞에서 '나도 한번 시도해볼까?'라는 열린 마음을 가져보자.

무언가를 해낸 경험은 인생 전반에 걸쳐 큰 자산이 된다. 이 것은 단순한 성취가 아니라 가능성을 인식하고 확장하는 계기다. 해낸 사람은 '임계점 돌파'의 중요성을 온몸으로 경험한다. 임계점 돌파는 단순히 남들보다 조금 더 잘하는 것을 의미하지 않는다. 그것은 자신의 한계를 뛰어넘는 것이다. 테니스를 치는 사람이라면 동네 대회 우승에 만족하지 않고 전국 대회에 도전해볼 수 있다. 무리한 도전이라고 해도, 그 과정에서 얻는 경험과 깨달음은 삶의 다른 영역에서도 적용할 수 있는 값진 자산이 된다.

도전해보기도 전에 결과를 지레짐작하는 것은 성장을 방해하는 습관이다. 1년에 300권의 책을 읽겠다는 목표를 세우면 많은 사람이 '불가능하다'고 말할 것이다. 목표를 방향으로 삼아 실천하다 보면 비록 300권에는 미치지 못하더라도 150권 정도는 읽을 수 있다. 50권을 목표로 했을 때보다 훨씬 큰 성취를 이룰 수 있다. 목표를 높게 잡으면 평범함의 영역을 넘어 탁월함의 영역으로 진입할 수 있다.

사람들은 '시간이 없어서', '능력이 부족해서'와 같은 이유로 도전을 주저한다. 하지만 대부분 경험 부족에서 오는 두려움일 뿐이다. 실제로 도전해서 넘어지고, 실수하고, 때로는 무릎이 까지는 경험을 해보면 생각만큼 두렵거나 어려운 일이 아니었다는 것을 깨닫는다.

여기서 자기 설득의 힘이 중요하다. 먼저 자신을 설득하지 못하면 어떤 일도 시작할 수 없다. 자신을 설득하지 못하는 사람은 가족도, 친구도, 더 나아가 세상 그 누구도 설득할 수 없다. 따라서 모든 도전의 출발은 자신을 설득하는 일이다.

목표 달성의 비결은 단순하다. 안 될 이유를 찾는 대신 되는 이유를 찾는 것이다. 어떤 목표든 그것을 이룰 수 있는 이유를 여러 가지 생각해보는 것이 도움이 된다. 그 과정에서 자신의 잠재력과 가능성을 재발견할 수 있다. 진정한 실패는 아무것도 하지 않는 것이다. 인생의 한계는 대부분 스스로 만들어낸 환상에 불과하다. 우리에게 주어진 시간은 한정되어 있다. '언젠가'는 결코 오지 않는다. 오직 '오늘'만이 있을 뿐이다.

영혼의 정원을 가꾸는
정직한 정원사가 되어라

자기 인식이 없다면, 삶은 기계적인 반복이 된다.

에리히 프롬

인간은 자신을 거울로 비추지 않는다면,
자신을 온전히 이해하지 못한다.

레프 톨스토이

자신을 잘 알면, 자신을 더 잘 통제할 수 있다.

오귀스트 콩트

무언가를 깨닫는 가장 확실한 방법은
그것을 있는 그대로 보려는 의지이다.

헨리 데이비드 소로

의식적으로 자신을 바라볼 때
당신은 더 이상 감정과 생각에 속박되지 않는다.

에크하르트 톨레

우리가 어디를 가든 무엇을 하든
변하지 않는 연구대상은 바로 자기 자신이다.

랄프 왈도 에머슨

객관적 자기 인식은 마음속 깊은 곳에 있는 투명한 호수와 같다. 맑고 고요한 수면에 자신의 모습이 그대로 비치듯 있는 그대로의 자아를 마주한다. 그 모습은 기대했던 것과 다를 수 있다. 하지만 호수는 거짓말을 하지 않는다. 그저 진실만을 비출 뿐이다. 객관적 자기 인식이란 자신을 마치 다른 사람을 바라보듯이 공정하고 균형 있게 바라보는 능력을 말한다. 자신을 과대평가하지 않고 필요 이상으로 자신을 과소평가하지 않는다.

현대의 디지털 정글 속에서, 우리는 끊임없이 반짝이는 화면들 사이를 헤매고 있다. 소셜 미디어라는 이름의 미로에 갇혀 왜곡된 자아의 그림자들을 쫓고 있다. 이 미로 속에서 '평균

올려치기'의 환영들이 춤을 추고, 질투와 불안의 덩굴이 발목을 잡는다. 이 혼란의 숲에서 객관적 자기 인식이라는 나침반의 중요성은 더욱 절실하다.

이 나침반은 단순한 도구가 아니다. 내면의 등대이며 폭풍우 치는 감정의 바다에서 우리를 안전하게 이끄는 빛이다. 이 빛을 따라가면 정신적으로 건강한 자아라는 보물섬에 도달할 수 있다. 이 여정에서 만나게 될 풍경들은 흔하게 접하는 감정인 질투, 불안, 비교가 아니다.

감정이라는 광활한 대지에서는 희열이라는 웅장한 산맥, 분노라는 활활 타오르는 화산, 평온함이라는 잔잔한 호수, 슬픔이라는 깊은 계곡을 모두 탐험하게 된다. 다양한 지형을 탐험하는 과정에서 다양한 감정의 지도를 그린다. 비교의 덫을 피해갈 수 있는 숲길에서는 자신만의 가치를 발견한다. 타인의 길이 아닌 나의 길을 걸어갈 수 있는 용기를 배운다. 객관적 자기 인식은 영혼의 정원을 가꾸는 정직한 정원사이다. 이 정원사는 아름다운 꽃만 키우려 하지 않는다. 가시 돋친 덤불도, 잡초도 모두 정원의 일부이기 때문이다.

객관적 자기 인식은 내면의 항해를 이끄는 선장이다. 이상은 순풍처럼 나아가게 하고, 불안과 두려움은 거센 파도처럼 앞을 가로막는다. 열망은 돛을 드높여 속도를 더하고, 의심은 나침반을 흔들리게 한다. 현명한 선장은 변화에 흔들리지 않는다. 모든 상황을 받아들이고 파도를 헤쳐나간다. 삶이라는 미지의 바다를 탐험하며, 자신만의 항로를 개척한다.

길을 잃었을 때는
다시 돌아가면 된다

과거에 얽매여 미래를 놓치지 마라.

랄프 왈도 에머슨

지혜로운 자는 물처럼 유연하게 변화한다.

장자

당신의 직감은 당신 과거의 경험이 속삭이는 소리다.

스티브 잡스

남이 가는 길이 반드시 내 길은 아니다.

노자

자신이 가야 할 길을 알면서도 가지 않는 것,
그보다 더한 불행은 없다.

소크라테스

실패의 끝자락에서 새로운 가능성이 열린다.
맹자

역경 속에서 오히려 행운을 얻는 경우가 많다.
그제야 자신의 운명과 진지하게 마주하려고 들기 때문이다.
리 아이아코카

때로는 이 길이 잘못되었다는 걸 알면서도 발걸음을 멈추기가 쉽지 않다. 한번 들어선 길에서 벗어나는 건 누구에게나 쉽지 않은 일이다. 돌아서야 한다는 것을 알면서도, 이미 여기까지 왔다는 생각에 계속 앞으로 가게 된다. 이미 투자한 시간과 노력 때문에 잘못된 길을 고집하는 것이 과연 현명한 선택일까. 마치 수렁에 빠졌을 때 발버둥칠수록 더 깊이 가라앉는 것과도 비슷하다. 어쩌면 잠시 멈추어 서서 깊이 숨을 들이쉬고, 조용히 뒤돌아보는 것도 필요할지 모른다. 처음으로 돌아가는 것 또한 용기 있는 선택이다.

어느 등산가는 정상을 목전에 두고 있었지만 날씨가 급격히 나빠지는 것을 보고 과감히 하산을 결정했다. 많은 이들이 "정상이 코앞인데 왜 포기했느냐"고 물었다. 그의 대답은 단호했다.

"산은 도망가지 않는다. 하지만 잘못된 판단은 목숨을 앗아갈 수 있다."

그날 산에는 큰 폭풍이 몰아쳤고, 정상을 고집한 다른 등산객들은 큰 위험에 처했다. 그의 결정은 후퇴가 아닌 현명한 선택이었다.

서른 즈음의 어느 날, 나는 퇴사하기로 했다. 오랜 고민 끝에 내린 결정이었다. 직장 생활 끝에 명확하게 알게 된 것이 있다. 이 길이 내 길이 확실히 아니라는 것이었다. 지금 이 자리를 벗어나지 못한다면, 마흔이 되어서도 같은 고민을 하고 있을 거란 생각이 들었다. 그렇게 퇴사를 결정했다. 그 후 내 삶은 태풍에 휘말린 듯 세차게 흔들렸지만 지금은 더 이상 진로 때문에 고민하지 않는다.

인생은 마치 GPS와 같다. 길을 잘못 들었을 때 '경로 재탐색'을 하듯이, 언제든 새로운 길을 찾을 수 있다. 다만 GPS와 다른 점은, 인생에는 정해진 목적지가 없다는 것이다. 가는 동안 목적지를 바꿀 수도 있고, 때로는 길 자체가 목적이 될 수도 있다.

돌아서는 것을 실패로 여기는 사회적 시선 때문에 잘못된 길을 고집하는 것이야말로 더 큰 실패다. 진정한 실패는 돌아설 용기조차 없는 것이다. 역사적으로 보면 적절한 시기의 후퇴가 더 큰 승리를 가져온 경우가 많다. 나폴레옹은 모스크바 진군에서 적절한 후퇴 시기를 놓쳐 전군을 잃었고, 고구려의 을지문덕은 적절한 후퇴 전략으로 수나라 대군을 물리쳤다.

돌아서는 것은 포기가 아니라 새로운 시작이다. 내 판단이 잘못되었다는 것을 인정하는 용기이며, 더 나은 미래를 위한 결단이다. 등산을 하다 보면 때로는 온 길을 돌아가야만 정상으로 갈 수 있다. 인생도 마찬가지다. 앞만 보고 달려가는 것이 능사가 아니다.

돌아서는 순간은 두렵고 고통스럽다. 주변의 시선도 부담된다. 하지만 그 순간의 용기가 평생의 후회를 막을 수 있다. 잘못된 길에서 돌아서는 것은 늦은 것이 아니다. 진정으로 늦은 것은 돌아서야 한다는 것을 알면서도 계속 그 길을 가는 것이다.

새로운 시작 앞에서 느끼는 두려움은 자연스러운 감정이다. 두려움 속에서도 다시 한 걸음 나아갈 때 진정한 성장을 경험한다. 돌아서기로 했다면, 이제는 과거의 선택을 후회하기보다 새로운 길을 찾는 데 집중하는 건 어떨까? 지나간 실수들은 이제 놓아주자. 미래는 여전히 우리의 새로운 선택을 기다리고 있으니까.

인생에
추월차선은 없다

서두르지 말라. 좋은 것은 시간이 걸린다.

존 우든

조급함은 본질을 놓치게 만든다.
천천히 생각하고 한 걸음씩 나아가는 법을 배워라.

수전 케인

빠르게 성장하는 것은 오래가지 못한다.

노자

계단 전체를 볼 필요 없다. 그냥 한번에 한 계단만 올라가라.

마틴 루터 킹

위대한 업적은 시간이 필요하다.
시간을 투자하지 않으면 아무것도 얻을 수 없다.

마야 안젤루

성공으로 가는 지름길은 없다.
성공은 실패라는 디딤돌을 하나하나 밟아가는 과정이다.
칭기즈칸

사람들은 왜 추월차선에 혹하게 된 걸까? 인생에 추월차선이 있을 것 같지만 그런 건 없다. 과정을 밟지 않는 모든 것은 모래성처럼 허무하게 무너진다. 인생에 치트키가 있을 것 같지만 그런 건 없다. 돈 많은 부모를 만나는 게 인생의 치트키라는 말이 있지만 오히려 근성이 부족할지도 모른다. 부자가 3대를 못 간다는 말이 있듯이 선대의 재산을 지키려면 스스로 성장하는 과정을 거쳐야 한다.

추월차선이 있다고 믿고 싶어 하는 건 사회의 복잡한 심리와 관련이 있다. 우리는 끊임없이 비교와 경쟁 속에서 살아간다. 소셜 미디어를 통해 타인의 화려한 삶을 24시간 목격하면서 자신의 평범한 일상을 비루하게 느끼고 있다. 이런 환경에서 사람들은 자연스럽게 '더 빠른 길'을 갈망한다. 온라인 쇼핑으로 클릭 한 번이면 원하는 물건을 살 수 있고, 스트리밍 서비스로 기다림 없이 콘텐츠를 소비할 수 있다. 즉각적 만족의 경험이 쌓이면서, 인생의 다른 영역에서도 같은 수준의 즉각적인 결과를 기대하게 되었다.

불확실성에 대한 두려움도 큰 역할을 한다. 정직하게 한 걸음씩 나아가는 과정은 결과를 예측하기 어렵게 보이기도 한다. 반면 '추월차선'이라는 환상은 확실한 성공을 약속하는 것처럼 보인다. 마치 복권을 사는 심리와 비슷하다. 당첨 확률이 극히 낮다는 것을 알면서도, 사람들은 '혹시나' 하는 기대를 버리지 못한다. 미디어는 '한순간에 성공한 사람들'의 이야기를 강조해서 보도한다. 그 이면에 있는 수많은 노력과 실패, 좌절의 순간들은 잘 드러나지 않는다. 사람들은 결과만 보고 '나도 저렇게 될 수 있을 것'이라는 환상을 품는다.

중국 당나라의 한유는 〈원도〉라는 글에 이렇게 썼다.

"날카로운 칼날도 하루아침에 만들어지지 않고, 천 리 길도 하루아침에 이루어지지 않는다."

그는 제자들에게 늘 성급함을 경계하라고 가르쳤다. 당시에도 과거시험에 빨리 합격하려고 벼락치기를 하거나 권력자에게 아부해서 출세하려는 사람들이 많았다. 그렇게 이룬 성공은 오래가지 못했다.

빠른 성공은 무르익고 성장할 틈을 주지 않는다. 오죽하면 인생 3대 재앙 중 첫 번째가 '초년 성공'이겠는가. 남의 길을 빠르게 따라가거나 지름길을 찾다 보면 자신만의 방식을 만들지 못하기에 위기가 왔을 때 허무하게 무너진다. 결국 처음부터 다시 시작할 수밖에 없다. 씨앗이 빨리 자라게 하려고 매일 줄기를 억지로 잡아당기면 어떻게 될까? 식물은 죽고 만다. 성장에는 반드시 그만한 시간이 필요하다. 추월차선을 찾는 사람은 어떤 분야에서도 전문성을 쌓지 못하고, 꾸준히 해온 것이 없어 다시 시작할 기반도 없다. 결국 남는 것은 후회뿐이다. 추월차선은 결국 더 먼 길로 돌아가게 만드는 지름길인 셈이다.

피닉스 야자나무는 처음 10년 동안 자라지 않는 것처럼 보인다. 이 기간 동안 깊고 넓게 뿌리를 내리고 있다가 일단 열매를 맺기 시작하면 100년 동안 꾸준히 대추야자를 생산한다. 수확이 늦다고 조급해하며 안달복달하는 농부도 있지만 견디고 기다린 농부들은 연간 100kg의 대추야자 열매를 얻는다.

　피닉스 야자나무처럼 사람의 성장도 충분한 시간과 과정이 필요하다. 빨리 성과를 내려고 조급해하거나, 다른 사람의 속도에 맞추려 하지 않아도 된다. 각자의 시기에 맞춰 자신만의 열매를 맺으면 된다. 지금 당장 눈에 보이는 결과가 없다고 해서 실패한 것이 아니다. 보이지 않는 곳에서 끊임없이 성장하고 있다. 추월차선이 없다는 것은 오히려 다행이다. 그래야 자신만의 시간으로, 자신만의 방식으로 단단해질 수 있다.

도망친 곳에
천국은 없다

삶에서 도망치는 것보다 삶을 마주하는 것이 더 쉽다.

버트런드 러셀

나는 두려움으로 인해 도전을 피하지 않는다.
두려움을 극복하는 유일한 방법은 그것을 밟고 나아가는 것이다.
그래서 나는 그것을 향해 달려간다.

나디아 코마네치

마지막까지 포기하지 않는 사람이 된다면
삶에서 아주 많은 승리를 얻게 될 것이다.

제임스 클리어

문제로부터 도망가면 그 문제는 영원히 남는다.

존 F. 케네디

현실에서 도망치는 것은 미래에 더 큰 고통을 초대하는 것이다.

알 가잘리

문제가 닥쳤을 때 그 속으로 계속 나아가라.

윈스턴 처칠

삶에서 쉬운 것은 없다.
하지만 그것이 포기할 이유는 아니다.
당신이 굳게 마음을 먹고 노력했을 때
어떤 것들을 이루어내는지를 본다면 스스로도 놀랄 것이다.

루이스 새커

살아가면서 우리는 고통스러운 순간들을 마주한다. 그럴 때마다 모든 것을 내려놓고 도망치고 싶은 충동을 느낀다. 때로는 도망치는 것이 최선으로 느껴질 수도 있다. 하지만 도망은 문제를 해결하는 것이 아니라 미루는 것에 불과하다. 마주해야 할 문제는 현실에 그대로 남아 있다. 일시적인 회피일 뿐이다. 도망친 후에 찾아오는 건 평화로운 안식이 아니다.

나 또한 자주 도망가고 싶은 충동에 사로잡힌다. 원고를 마감할 때나 해야 하는 일의 기한이 점점 다가올수록 도망치고 싶다. 하지만 도망간다고 뾰족한 수가 생기는 건 아니다. 일해야 할 날만 더 늘어난다. 도망치는 게 습관이 돼버리면 도망친 곳에서 또 도망가고 싶다. 자신의 문제를 직시하지 않고 정면으로 마주하는 것을 피한다면 인생은 무한 도망침의 반복이 된다.

20대 초반, 취업 준비를 비롯한 모든 의무와 책임으로부터 해방되고 싶어서 도망치듯 어학연수를 떠났던 경험이 있다. 해외에서의 생활은 여행이 아니었다. 낯선 땅에서 매 순간 한국에서보다 훨씬 혹독한 도전을 마주해야 했다.

기숙사 생활을 했는데 당시 룸메이트는 호주에서 어학연수를 하다가 다시 일본으로 어학연수를 왔다. 호주에서 공부를 할 때 영어가 늘지 않아서 힘들어하던 차에 우연히 일본 영화를 보고 충동적으로 온 것이었다. 나는 그녀의 영어 실력이 왜 계속 제자리걸음이었는지 그 이유를 며칠 만에 알게 되었다. 그녀는 비싼 학비를 내면서도 거의 학교를 가지 않았다. 매일 새벽 늦게까지 술을 마시거나 TV를 보다가 잤다. 나는 그 소리가 시끄러워서 제대로 잠을 잘 수가 없었다. 룸메이트를 보면서 정신이 번쩍 들었다. 계속 도망치다가는 나도 룸메이트처럼 될 것이 뻔했다. 그렇게 룸메이트를 통해 현실을 도피하는 나의 모습을 깨닫게 되었다.

부모님의 지원을 헛되이 낭비하고 싶지는 않았다. 룸메이트와 타협해서 술도, TV도 자정까지만 허용하기로 했다. 그러기 위해서는 매일 곤드레만드레 취하기 일쑤인 룸메이트와 함께 공부해야겠다는 생각이 들었다. 새벽까지 놀다가 잠에 취해 자주 결석했던 그녀를 깨워서 학교에 보내는 것부터 시작이었다. 내가 먼저 모범을 보여야겠다는 생각에 공부를 더 열심히 했다. 그렇게 일본에서의 경험은 큰 전환점이 되었다.

귀국해서 졸업을 한 뒤 회사에 다니게 되자 도망가고 싶은 순간은 더 많아졌다. 하지만 회사야말로 그런 태도로는 하루도 버틸 수가 없는 곳이었다. 도망치는 습관을 극복하고 현실과 마주하는 과정은 괴로웠다. 그 과정에서 깨달은 것은, 도망가지 않고 문제를 직면할 때 마음이 편안해진다는 것이었다. 미루고 피하던 일들을 하나씩 해결해 나가면서 작은 성취감도 느낄 수 있었고, 그것은 자신감으로 이어졌다.

살아가면서 최고의 용기는 도망가는 것이 아닌 문제를 직면하는 것이었다. 도망친 끝에 도달하는 곳은 천국이 아닌 지옥이다. 지옥으로 도망갈 용기가 있다면 지금 안고 있는 가장 큰 문제를 해결하자.

2장

타인과
지혜롭게 공존하는 법

모든 관계에는
균형이 필요하다

자신의 신념을 지키되, 다른 이의 신념도 존중하라.

볼테르

중용은 모든 미덕의 중심이다.

아리스토텔레스

의견의 차이가 있더라도
서로 존중하는 마음이 있다면 평화는 유지될 수 있다.

달라이 라마

타협은 약함의 표시가 아니라 지혜의 표시다.

잭 니클라우스

모든 극단은 위험하다. 중용만이 안전하다.

장 라신

교제를 할 때에는
상대방 나름대로 삶의 방식이 있으므로
그에 함부로 간섭해서는 안 된다.
헨리 제임스

화이부동(和而不同)이라는 사자성어는 다른 사람과 사이좋게 지내면서도 자신의 뜻은 굽히지 않는다는 뜻이다. 개인과 그 삶의 방식을 존중하는 현대 사회에서는 더욱 중요한 가치로 부각되고 있다. 적을 일부러 만드는 사람은 피곤하게 살 수밖에 없다. 하지만 그렇다고 자신의 뜻을 굽혀 비겁해져서도 안 된다. 이 둘 사이의 적절한 균형을 찾는 것이 바로 화이부동의 핵심이다. 성과가 특출난 사람들을 보면, 균형을 찾는 감각이 유난히 뛰어나다는 것을 알 수 있다. 반면, 주변과 큰 갈등을 일으키는 사람들은 사사건건 부정적 방향으로 많은 에너지를 소모해서 결국 성과를 내기 힘들다.

세상을 투쟁의 대상으로 보면, 세상도 그 사람을 투쟁의 대상으로 본다. 따라서 불필요한 적을 만들지 않는 것이 중요하다. 모든 사람과 무조건 좋은 관계를 유지해야 한다는 뜻은 아니다. 싫은 사람과 억지로 어울릴 필요는 없으나 싫은 감정을 노골적으로 표현하는 것은 화이부동의 정신에 어긋난다. 감정을 조금이라도 내비치면 상대방은 금방 알아채기 마련이므로 감정 조절이 매우 중요하다.

화이부동은 중용(中庸)의 실천이라고 볼 수 있다. 중용은 공자가 강조한 처세철학으로, 어느 한쪽으로 치우치지 않고 균형을 잡는 것을 의미한다. 물론 쉬운 일은 아니다. 많은 사람이 균형을 잡지 못하고 주변과 갈등을 일으키는 모습을 흔히 볼 수 있다. 그만큼 화이부동은 높은 수준의 인격과 수양을 요구하는 어려운 경지다.

화이부동을 실천하는 데 있어 가장 중요한 것은 감정 제어 능력이다. 자신의 감정을 잘 다스리지 못하면 화이부동을 이루기 어렵다. 부정적인 감정에 휘둘리지 않고 객관적인 사실에 집중하려는 노력이 필요하다. 감정과 이성 사이의 균형을 잡는 것으로, 화이부동의 핵심적인 요소라고 할 수 있다.

화이부동의 정신은 개인의 삶뿐만 아니라 조직과 조직 사이의 관계, 나아가 국가 경영에 있어서도 중대한 요소이다. 리더가 화이부동의 정신을 갖추지 못하면, 조직이나 국가는 큰 혼란에 빠질 수 있다. 리더십을 갖춘 사람은 화이부동의 정신을 실천함으로써 조직의 성장과 구성원들의 만족을 동시에 이끌 수 있다.

《논어》에서는 군자와 소인을 구분하는 기준으로 화이부동을 언급하고 있다. "군자화이부동, 소인동이불화(君子和而不同, 小人同而不和)"라는 구절이 있는데, 이는 "군자는 화합하면서도 자신의 뜻을 굽히지 않고, 소인은 겉으로는 같은 척하지만 실제로는 화합하지 못한다"는 뜻이다. 진정한 군자는 주변과 조화롭게 지내면서도 자신의 원칙을 지키며 궁극적으로 화합을 이루지만, 소인은 겉으로만 화합하는 척하며 결국 불화를 일으킨다는 것이다.

화이부동을 잘 실천하는 사람은 주변으로부터 신뢰와 존경을 얻으며 필요할 때 도움을 받을 수 있다. 반면, 항상 갈등을 일으키고 사람들과의 관계를 해치는 사람은 주변의 도움을 받기 힘들다. 결국 자신의 고집대로만 살다가 주변에 피해를 준다.

화이부동의 정신이 무조건적인 양보나 이해를 의미하는 것이 아니다. 상황에 따른 적절한 균형을 찾는 것이다. 자신의 감정을 잘 다스리고, 객관적인 시각을 유지하며, 타인과의 관계에서 적절한 거리를 유지하는 것이 관건이다. 적절한 균형을 유지하는 사람이야말로 가장 현명한 사람이라고 할 수 있다.

인연의 흐름은
자연스럽게 놓아두자

사람을 대할 때는 불을 대하듯 하라.
다가갈 때는 타지 않을 만큼, 멀어질 때는 얼지 않을 만큼 하라.

디오게네스

사람을 붙잡으려 하지 말고 그가 가려는 길을 존중하라.

프리드리히 니체

관계를 억지로 유지하려 하면, 그 관계는 나를 무겁게 한다.

마하트마 간디

당신이 누군가를 사랑한다면 그를 자유롭게 하라.
그것이 진정한 사랑이다.

석가모니

사람이 떠날 때 놓아주는 법을 배우고
다시 만날 때 따뜻하게 맞이하는 법을 배운다.

장 폴 사르트르

소중한 사람을 자유롭게 해주어라.
돌아오면 당신의 사람이고,
그렇지 않으면 처음부터 당신의 사람이 아니었다.

리처드 바크

인연이 되어 나에게 오려는 사람을 억지로 막으면 흐름이
꽉 막히게 된다. 사람을 너무 가려서 만나는 것도 결국에는 자
신에게 좋지 않은 결과로 돌아온다. 이 사람도 싫고 저 사람도
싫으면 지구에 사는 것 자체가 힘들고 삶이 고통스러워진다.
사람을 너무 내 기준에만 맞추고 그 기준에 맞지 않는 사람을
걸러내다가는 결국엔 외로움에 몸을 떨게 된다.

가려는 사람은 그냥 가게 내버려둔다. 가려는 사람을 놓아
주지 않으면 새로운 만남을 막고, 흐름도 부자연스러워진다.
인간관계는 쉽지 않다. 사람 속은 모르는 게 맞다. 나도 내 속
을 잘 모르겠는데 어떻게 남의 속을 알 수 있을까? 나도 내 속
을 잘 모르는데 어떻게 남이 내 속을 알아주길 바랄 수 있을

까? 남의 속을 억지로 캐내려고 하는 것도 상대방에게 유쾌하지 않은 일이다. 우리 모두 완벽하지 않기에 오해가 생기고 틈이 벌어져 사이가 멀어질 수 있다.

인연의 흐름은 자연스럽게 놓아두자. 내게서 멀어지려고 하는 사람이 있다면 쿨하게 보내주자. 달이 차면 기울어지듯이, 서로의 연이 다해 헤어지려고 하는 것은 자연스러운 현상일지도 모른다. 인연이 다가올 때 최선을 다하고, 인연이 끝나면 우리에게 각자 주어진 소임이 다했으니 아름답게 헤어지는 방법이 최선이다.

불교에서는 삶을 업(業) 또는 카르마(karma)라고 한다. 인간은 태어나면서부터 생로병사(生老病死)에서 자유롭지 않다. 이 생로병사만큼 우리가 벗어나지 못하는 것이 인간관계다. 관계 속에서 기쁨, 희망, 절망, 사랑, 미움, 배신 등 여러 가지 감정을 겪으며 살아간다. 나 또한 사람들에게 좋은 감정, 나쁜 감정을 선사하면서 살아왔을 것이다. 나도 사람이니 완벽할 수 없다. 남에게 완벽함을 바라서도 안 된다. 이것을 받아들이고 나니, 다가오는 사람을 막지 않게 되었고 헤어짐이 고통스럽지만 가는 사람을 막지 않게 되었다.

내게 주어진 인연에 최선을 다했다면 집착하지 않는 태도가 필요하다. 모든 만남과 헤어짐에는 그 나름의 의미가 있다. 만남과 헤어짐 또한 삶을 이해하게 되는 큰 가르침이다. 모든 인연을 물 흐르듯 흘러가게 하라. 인연을 내 뜻대로 조종하려 할수록 그 흐름이 내 마음과는 반대로 간다. 결국 상처받는 것은 나다. 인연을 있는 그대로 받아들이는 것이 삶의 번민과 고통을 줄이고 마음의 평화를 찾는 길이 될 것이다.

자기 이해라는
단단한 토대를 세워라

자신을 알면 남을 알고, 자기를 극복하면 남을 극복한다.

공자

당신이 변화하면, 당신의 세상도 변한다.

카를 융

자신에 대해서 더 많이 알아갈수록
다른 사람에 대해서 더 많은 인내심을 지닐 수 있다.

에릭 에릭슨

자기 이해는 치유의 첫 단계다.

루이스 L. 헤이

타인을 이해하려면 먼저 자신을 이해해야 한다.

소크라테스

자기 자신과의 관계를 개선하지 않고서는
어떤 관계도 개선할 수 없다.

에크하르트 톨레

인간은 관계의 그물망 속에서 살아가는 존재이다. 타인과의 관계가 매끄럽지 못하다면 원만한 사회생활이 힘들어진다. 직장생활에서도 가장 큰 어려움은 업무보다 인간관계에 있다. 사회적 동물인 인간에게 원만한 대인관계는 삶의 질을 높이는 필수 요소다.

우리는 흔히 관계 개선을 위해 소통 기술이나 매너를 배우려 한다. 친절한 태도를 취하고 말투를 다듬고, 갈등의 불씨가 될 만한 생각이나 감정은 억누른다. 이런 노력은 본질적인 자기 이해가 바탕이 된 것이 아니라면 너무 많은 에너지가 필요한 일이라 오래가지 못한다. 마치 뿌리는 돌보지 않고 잎만 가꾸려는 것과 같다. 진정한 관계 개선은 자기 이해라는 뿌리에서 시작된다. 자신에게 이렇게 물어보자.

'나는 왜 특정 상황에서 과도하게 반응하는가?'
'왜 어떤 사람과는 어색함을 느끼는가?'
'왜 갈등 상황에서 항상 도망치려 하는가?'

진정한 관계 개선은 자기 이해에서 시작한다. 이러한 질문은 자신을 돌아보게 하여 한계를 알고 가능성을 발견하게 한다. 완벽한 인간관계란 없다. 인간이란 존재는 누구나 부족하고 실수하는 존재다. 이 사실을 받아들이면, 타인의 불완전함도 너그럽게 바라볼 수 있는 여유가 생긴다.

인간은 타인에게서 자신을 본다. 사람들이 자신을 무시한다고 느끼는 피해망상의 원인은 내면에 쌓인 자기 비하에 있다. 그래서 타인이 무심코 던진 한마디, 한마디에 예민하게 반응한다. 결국 내면에 있는 감정의 투사인 것이다. 말투가 공격적인 사람은 내면에 있는 분노와 공격성이 타인에게 투사된 것이다. 자신이 표현하지 못하고 억누르던 감정이 타인의 모습을 통해 자신에게 돌아온다.

사람은 무의식중에 자신을 방어하려 든다. 전에 다니던 회사에서 사수가 팀장이 됐을 때 예상치 못한 문제가 생겼다. 팀장이 팀원들의 제안을 자주 거부한다는 것이었다. 나중에 알고 보니 그녀는 어린 시절부터 매사에 실수 없이 완벽해야 한다는 압박감이 있었는데, 팀장이라는 새로운 직책을 맡고 그 압박감이 더 심해져서 팀원들이 새로운 아이디어를 제안하면 위협으로까지 느껴졌다고 한다. 경직된 태도는 자신을 보호하기 위한 방어기제였다.

자기 이해가 부족하면 이런 패턴은 계속 반복된다. 거울 속 자신의 모습을 타인이라고 오해하며 싸운다. 타인에게서 강하게 느끼는 부정적 감정들은 자신의 그림자이다. 이 패턴을 깨닫는 것이 자기 이해의 시작이다. 타인에게 느끼는 강한 감정들을 들여다보면, 그곳에서 자신이 해결하지 못한 과제를 발견하게 된다. 감정은 단순한 느낌이 아닌 내면의 목소리다. 부정적인 감정 역시 우리에게 중요한 신호를 보낸다. 화는 경계 침해를, 불안은 위협을 알리는 신호일 수 있다.

타인과의 관계는 거울이다. 자신을 어떻게 대하는지가 타인과의 관계에 그대로 반영된다. 자신에게 엄격한 사람은 타인에게도 엄격하다. 자신을 사랑하지 못하는 사람은 타인의 사랑도 온전히 받아들이기 어렵다. 자신과의 관계는 프리즘처럼 내면이 다양한 색채로 분산되어 타인과의 관계에 투영된다. 깨진 프리즘을 통해 세상을 보면 모든 것이 일그러져 보이는 것처럼, 자기 이해가 부족한 상태라면 세상을 보는 눈이 왜곡된다.

좋은 인간관계는 서로의 불완전함을 인정하고 받아들이는 것에서 시작한다. 중요한 것은 실수와 갈등을 통해 함께 성장하는 것이다. 성장은 자기 이해라는 단단한 토대 위에서 가능하다. 타인과의 만남은 자신을 발견하는 여정이 된다. 인간관계에서 스트레스를 받고 있다면 나를 더 깊이 들여다볼 시간이라는 것을 의미한다.

누군가의 별이 아닌
나만의 별로 살아가라

ㅂ…   …月

당신만의 열정을 가지고 계속해 나아가라.
모든 꽃은 저마다의 속도로 피어난다.

수지 카셈

모든 사람의 마음에 들려고 하다가는
아무도 사로잡지 못한다.

존 스튜어트 밀

남의 그림자를 밟으려 할수록
자신의 발자국은 사라진다.

장자

세상은 우리가 어떻게 살아야 하는지에 대해 끊임없이 말한다.
하지만 가장 중요한 건 내가 어떻게 살 것인지 정하는 것이다.
다른 사람들이 나를 어떻게 생각하든 그건 그들의 생각이다.
내가 내 삶을 살고자 하는 마음이 중요한 것이다.

베르길리우스

당신이 타인의 기대에 맞추려고 한다면,
결국 그 기대만큼 작은 존재가 될 것이다.
마하트마 간디

특별해지기 위한 마법은 필요하지 않다.
당신은 이미 특별하다. 그 누구도 아닌 당신이지 않은가.
매직 존슨

전국시대 한 상인이 특이한 초록빛 진주를 가지고 있었다.
당시 모든 사람은 순백색의 진주만을 진정한 보물로 여겼다.
시장에서 상인들은 그의 초록빛 진주를 보고 비웃었고, 손님
들은 관심조차 보이지 않았다.

"이런 특이한 색의 진주는 팔 수 없을 것이오. 차라리 일반
적인 흰 진주를 구하시는 게 좋지 않겠소?"

"진주가 초록빛이라니, 불순물이 섞인 게 분명하오. 반값에
라도 팔아야 할 것이오."

하지만 이 상인은 자신의 진주가 가진 독특한 가치를 믿었다. 수많은 진주를 보아온 그였기에, 이 초록빛 진주의 특별함을 알 수 있었다. 상인은 그러한 자신의 안목을 믿었다. 많은 이들의 조롱과 충고에도 불구하고 진주의 가치를 낮추지 않았다.

시간이 흘러 소문이 퍼졌고, 마침내 왕이 이 진주에 관심을 보였다. 왕은 첫눈에 이 진주의 독특한 아름다움에 매료되었다. 수많은 흰 진주를 보아온 왕에게, 이 초록빛 진주는 신선한 감동으로 다가왔다. 결국 왕은 천금을 주고 이 진주를 구입했고, 당시 최고가의 거래로 기록되었다.

많은 사람이 자신의 독특한 개성을 숨기고, 대중의 취향과 기준에 맞추려 한다. 회사에서, 학교에서, 일상의 모든 순간에서 우리는 보편적인 기준에 부합하라는 압박을 받는다. SNS에서 '좋아요'를 많이 받기 위해 자신의 진짜 모습을 감추고 조회 수를 높이는 콘텐츠만 올리는 것처럼, 모두에게 인정받는 것에 집착한다. 하지만 이것은 마치 초록빛 진주를 억지로 하얗게 만들려는 것과 같다.

진정한 가치는 독특함에서 온다. 자신만의 색깔을 지키는 것은 쉽지 않다. 초록빛 진주의 상인처럼 비웃음과 거절을 경험하게 될 것이다. 하지만 중요한 것은 그 과정에서 자신의 가치를 잃지 않는 것이다. 모든 사람에게 사랑받으려 노력하는 것은 결국 누구에게도 깊은 인상을 남기지 못한다.

초록빛 진주는 결국 자신의 가치를 알아보는 왕을 만났다. 독특한 재능과 개성도 그것을 진정으로 이해하고 인정해주는 사람들을 결국 만나게 된다. 자신의 독특함을 진정으로 이해하고 사랑해주는 사람들이 있다면 그것으로 충분하다. 중요한 것은 그 과정에서 자신의 본질을 잃지 않는 것이다.

획일화되고 표준화된 기준이 만연한 시대일수록 자신만의 고유한 빛깔을 지키는 것은 무엇보다 소중하다. 당장은 인정받지 못하더라도, 긴 안목에서 보면 더 큰 가치를 만들어낼 수 있다. 당신 안의 초록빛 진주 같은 특별함을 포기하지 말라. 그것을 진정으로 알아볼 수 있는 사람들이 반드시 어딘가에 있다.

모든 별이 같은 밝기로 빛난다면, 밤하늘은 얼마나 단조로울까? 어떤 별은 붉게, 어떤 별은 푸르게, 저마다의 빛깔로 밤하늘을 수놓는다. 세상의 기준에 맞추려 당신만의 별빛을 감추지 말라. 진정한 가치는 자신만의 특별함에서 드러난다.

동료의 빛이
곧 나의 길을 밝힌다

삶은 경쟁이 아니라 함께 성장하는 과정이다.

마르쿠스 아우렐리우스

타인을 부러워하기보다는 자신을 더 나은 사람으로 만들자.

레프 톨스토이

자신의 인생에 집중한다면 남의 인생을 부러워할 여유는 없다.

토니 로빈슨

타인의 장점을 인정할 때 우리의 단점은 줄어든다.

윌리엄 제임스

자신의 성공은 타인의 불행에서 나오는 것이 아니다.

알베르트 슈바이처

누군가의 성공을 보고 질투심이 생긴다면
그가 무엇을 했는지, 어떻게 이루었는지 분석하고
그 방법을 자신의 목표에 적용해보라.

제프 베조스

1960년대 초반 미국 NASA의 우주인 선발 과정에서 있었던 일이다. 존 글렌과 앨런 셰퍼드는 같은 시기에 우주인 훈련을 받던 동료였다. 두 사람은 미국 최초의 우주인이 되기 위한 치열한 경쟁을 펼쳤다. 셰퍼드는 처음부터 우주 비행사로서의 탁월한 능력을 보였다. 그는 테스트마다 최상위 성적을 거두며 동료들 사이에서도 최고의 실력자로 인정받았다. 반면 글렌은 평균 이상의 성적을 보여주긴 했지만 셰퍼드만큼 뛰어나지는 않았다.

그러던 어느 날, NASA는 첫 우주 비행사로 셰퍼드를 선택했다. 글렌은 깊은 실망감을 느꼈다. 하지만 그 감정을 질투나 시기로 표출하지 않았다. 대신 셰퍼드의 성공이 미국의 우주

개발에 중요한 의미를 가진다는 것을 인정했고, 그의 비행을 진심으로 축하했다.

1961년 5월, 셰퍼드는 프리덤 7호를 타고 미국 최초의 우주 비행에 성공했다. 그가 지구로 돌아왔을 때 가장 먼저 축하를 건넨 사람이 글렌이었다. 글렌은 셰퍼드의 경험을 세세히 묻고, 배울 점을 찾으려 노력했다.

동료의 성공을 시기하는 대신 배움의 기회로 삼은 글렌의 태도는 그의 삶을 완전히 바꿔놓았다. 자신의 부족한 점을 개선해 나가며 더 열심히 훈련했다. 그로부터 1년 후, 글렌은 프렌드십 7호를 타고 지구 궤도를 세 바퀴나 도는 대업을 이뤄냈다. 셰퍼드의 준궤도 비행보다 훨씬 더 큰 성과인 미국 최초의 지구 궤도 비행이었다. 이때 가장 기뻐한 사람 중 한 명이 바로 셰퍼드였다.

글렌은 동료의 성공 앞에서 마음을 헤집던 질투와 시기라는 어두운 감정을 성장의 불씨로 승화해냈다. 타인의 빛나는 순간이 자신의 그림자가 될 수 있었지만 그 빛으로 자신의 길을 밝히는 지혜를 택했다. 동료의 발자국에서 흠을 찾는 것이 아닌 배움의 흔적을 읽어내고 자신에게 적용했다. 훗날 글렌은 이렇게 말했다.

"나는 셰퍼드가 첫 비행사로 선발되었을 때 실망했다. 하지만 곧 깨달았다. 질투는 나를 더 작은 사람으로 만들 뿐이라는 것을. 대신 나는 그의 성공을 인정하고 그것을 통해 배우기로 했다. 그 결정이 내 인생을 바꾸었다."

이 깨달음이 글렌의 인생 전체를 금빛으로 물들인 것이다. 그는 우주에서 지구를 바라본 시선으로 더 넓은 세상을 품었다. 상원의원으로서 국민의 목소리에 귀 기울였고, 77세라는 나이에도 다시 우주인이 되어 한계를 넘어섰다.

질투는 마치 거울처럼 내면의 부족한 점을 비춘다. 질투라는 감정 앞에서 우리에겐 두 갈래 길이 있다. 감정의 소용돌이에 휘말려 길을 잃거나 혹은 그것을 나침반 삼아 새로운 길을 찾거나.

타인의 성취를 축하할 줄 아는 마음은 겸손을 넘어선 지혜다. 자신의 성장을 위한 밑거름이 되고, 더 높은 곳으로 가는 계단이 된다. 질투라는 거울이 인간의 한계를 비출 때도, 그 안에서 가능성이라는 새로운 빛을 발견할 수 있다.

상대를 있는 그대로
바라보아야 한다

편견 없는 눈으로 보는 것이 진정한 통찰이다.

마르틴 하이데거

감정은 구름과 같고 이성은 달과 같으니
구름이 걷혀야 달을 볼 수 있다.

장자

편견은 생각에 채우는 족쇄다.
그 족쇄를 풀 때 진성한 자유를 경험한다.

데일 카네기

감정은 폭풍우와 같고, 이성은 나침반과 같다.

아르투어 쇼펜하우어

진실을 보려면 먼저 마음의 창을 열어라.

지눌

편견은 무지의 자식이다.

빅토르 위고

　인간관계의 어려움은 대부분 객관적인 사실과 다른 인식에서 시작된다. 사회생활에서 사실이 아닌 감정 중심으로 관계를 해석하면 인지왜곡이 일어나기 쉽다. 이를테면 누군가의 표정이나 말투를 보고 그 사람의 의도를 단정해버리는 것이다. 상대방이 피곤해서 또는 개인적인 고민이 있어서 웃지 않았을 때 자신에 대한 부정적 감정으로 해석하는 것이다. 이런 오해는 사실에서 비롯된 것이 아닌 자신의 마음이 만들어낸 해석에서 시작된다.

　사람이라면 누구나 인지적 편향이 있다. 상대방의 의도와 상관없이 자신의 과거 경험이나 선입견으로 모든 것을 해석한다면, 관계의 벽은 높아지기만 한다. 객관적 사실보다는 주관적 판단이 앞서다 보니 오해가 쌓이고, 그 오해는 또 다른 편견을 낳는 악순환이 된다. 요즘 커뮤니티에 자주 등장하는 말 중의 하나인 '** 직업은 걸러라'와 같은 극단적 일반화는 인지 편향의 대표적인 사례이다.

직업에 대한 선입견만 이야기해보더라도, 특정 직업군에 종사하는 사람은 셀 수 없이 많고 그 사람들을 모두 만나본 것도 아니면서 쉽게 '이럴 것이다'라는 판단을 내리는 일은 위험하다. 모든 사람은 각자의 개성과 가치관, 삶의 방식을 가지고 있으며, 직업이 같아도 세상을 대하는 태도와 자세는 천차만별이다. 한 직업군 전체를 일반화하여 평가하는 것은 그들의 다양성과 인간으로서 개별성을 무시하는 것이다. 또한 자신의 시야를 좁히고 풍부한 인간관계의 기회를 차단하는 결과를 낳는다. 인지 왜곡에 빠져 사실과 감정이 혼동될 때는 다음과 같은 방법을 추천한다.

1. 있는 그대로 보기: 내 감정이나 판단을 섞지 않고 상황을 있는 그대로 바라보기
2. 근거 찾기: '이럴 것이다'라는 생각이 들 때, 실제로 그런지 확인해보기

3. 다르게 생각해보기: '다른 이유도 있을 수 있겠다' 하고 여러 가능성을 열어두기
4. 확실한 것만 말하기: 짐작이나 추측 대신 분명히 아는 사실만 이야기하기

인지적 편향은 사실이 아니다. 인지적 편향에서 비롯하는 감정이다. 사실은 나침반과 같다. 감정이라는 거센 파도에 휘둘리지 않고 올바른 방향을 향해 나아갈 수 있게 해주는 도구다. 때로는 파도에 몸을 맡기는 것이 편할 수 있다. 그러나 원치 않는 방향으로 떠밀려갈 수 있다. 사실에 기반한 관계 맺기는 튼튼한 다리를 놓는 일과 같다. 감정이라는 불안정한 외줄타기 대신에 서로를 이해하고 소통할 수 있는 견고한 다리를 만드는 것이다.

'사실에 기초한 관계 맺기'는 단순히 차갑게 상황을 판단하자는 것이 아니라 더 견고하고 오래가는 관계를 만드는 지혜다. 감정에 휘둘려 실제 일어난 일을 보지 못한다면, 잠시 한 걸음 물러서서 객관적 상황을 바라볼 필요가 있다.

감정은 시시각각 변하지만 사실은 변하지 않는다. 상대의 마음을 자신의 관점으로 읽으려 하거나, 순간의 감정으로 관계 전체를 평가하는 것은 오해의 시작점이 될 수 있다. 감정은 관계에 생명력을 불어넣는 바람이다. 사실은 그 관계를 지탱하는 기둥이다. 사실을 바탕으로 한 관계는 시간이 흘러도 무너지지 않는 견고함을 지닌다.

알면서도
모르는 척하는 지혜

현명한 자는 모든 것을 알지만, 모든 것을 말하지는 않는다.

플라톤

모든 진실이 유용한 것은 아니며,
모든 진실이 말해져야 하는 것도 아니다.

르네 데카르트

남의 잘못을 말하기 전에 자신을 돌아보라.

왕양명

진정한 관용은 알면서도 모르는 척하는 능력에서 시작된다.

알베르 카뮈

알면서도 모르는 척하는 것은 큰 인격의 표현이다.

퇴계 이황

상대의 체면을 생각하는 것이 인간의 도리다.

송시열

누군가의 거짓말을 알아차렸을 때 그 자리에서 지적하는 것이 능사는 아니다. 거짓 속에 담긴 난처한 사정이 있을지도 모른다. 진실을 밝히는 것보다 서로의 체면을 지키는 것이 더 중요할 때가 있다. 가까운 사이일수록 알면서도 모르는 척하는 지혜가 필요하다. 가족이나 친구, 동료의 작은 거짓말이나 실수를 일일이 지적하면 서로 방어적으로 대하는 불편한 관계가 되기 쉽다.

상대방의 숨은 의도를 간파했을 때도 이 지혜가 필요하다. 모든 것을 알고 있다는 듯이 행동하면 상대방을 궁지로 몰아넣게 되고, 관계를 악화시키는 결과를 낳는다. 때로는 알면서도 모르는 척해주는 것이 상대방의 체면을 살려주는 동시에 나의 품격도 지킬 수 있다. 때로는 작은 거짓말이나 실수를 통해 자신을 보호하려 한다. 이것을 이해하고 받아들일 줄 아는 사람은 슬기롭고 성숙하게 인간관계를 일구어 나간다.

알면서도 모르는 척하는 것은 높은 사회적 지능을 요구하는 기술이다. 단순한 위선이나 가식이 아니다. 서로의 품위를 지키고 관계를 보호하는 현명한 방법이다. 때로는 덜 아는 체하고, 덜 말하고, 덜 보여주는 것이 현명한 선택일 수 있다. 그것이 관계의 여유를 만들어준다. 무례한 사람이 되는 것을 막아주고, 대화가 선을 넘지 않도록 하는 자연스러운 방패가 된다.

예를 들어, 당신의 친구가 최근 이직을 했다고 한다. 그런데 당신은 그 친구가 사실은 해고되었다는 것을 다른 지인을 통해 알고 있었다. 친구의 이야기를 들으면서 당신은 그저 고개를 끄덕인다. 이렇게 알면서도 모른 척하는 배려는 우정을 더 깊게 만들어 줄 것이다. 하지만 이런 지혜를 발휘하지 못하고 해고되었다는 사실을 알고 있었다고 말한다면 그 친구의 기분은 어떨까? 앞으로의 관계는 어떻게 이어질까? 그 친구는 더이상 당신에게 연락하지 않을 가능성이 크다. 그런 말을 듣고도 아무렇지 않게 우정을 이어나갈 사람이 얼마나 될까?

사회적 동물인 인간에게 체면과 존중은 중요하다. 체면은 제2의 생명이라는 말처럼, 누군가의 체면을 공개적으로 깎아내리는 것은 그 사람의 존재 자체를 부정하는 것과 다름없다. 적절한 침묵과 배려 있는 행동으로 관계를 지킬 수 있다.

누군가의 비밀을 폭로하거나 약점을 지적할 때 그 말은 예상치 못한 방향으로 퍼져나가 결국 자신에게도 부메랑이 되어 돌아온다. 굳이 알 필요 없는 것까지 캐내고, 지적하는 것은 지혜롭다고 할 수 없다. 눈치가 없다는 것은 관계를 읽는 능력이 부족하다는 것을 의미한다. 관계를 지키는 현명한 방법 중 하나가 바로 알면서도 모르는 척하는 지혜이다. 상대방의 체면을 살리는 동시에 자신의 품격도 높이는 일석이조의 총명함이다.

말을 보태기보다는
듣기를 보탠다

ㅂ…   …月

타인의 이야기를 듣는 것은 그들의 영혼을 만지는 것이다.

볼테르

듣지 않으면 대화는 무의미한 소음에 불과하다.

무라카미 하루키

가장 위대한 지혜는 경청하는 것이다.

소크라테스

우리가 진정으로 경청하는 순간,
상대방을 단순히 이해하는 것을 넘어서
그 사람의 세계를 함께 경험하게 된다.

마르셀 프루스트

현명한 사람은 많이 듣고 적게 말한다.

아리스토텔레스

경청은 관계를 쌓는 가장 강력한 도구이다.

마이클 포터

　경험이 많다고 해서 그것을 모두 말로 전달하지 않아도 된다. 때로는 침묵으로, 때로는 경청으로 더 깊은 소통이 가능하다. 상대방의 말에 귀 기울이고, 그 속에 담긴 감정과 생각을 헤아리는 것이 지혜로운 태도다. 다른 사람의 고민에 대해 "나 때는 말이야…"라는 식의 조언으로 시작해 장광설을 늘어놓으면, 상대방은 처음에는 들어줄지도 모르지만 점점 마음이 닫힌다. 내가 겪은 어려움과 다른 사람이 겪는 어려움은 비슷해 보여도 전혀 다르다.

　말을 줄이는 것은 단순히 입을 다무는 것이 아니다. 더 깊이 이해하고, 더 진심으로 공감하기 위한 적극적인 노력이다. 시간이 갈수록 더 많이 알아가는 것은 당연하지만 동시에 아직도 모르는 게 많다는 사실을 깨닫는다. 이런 겸손한 인식이 있을 때 진정한 대화의 문을 열 수 있다. 대화할 때 우리는 그저 자신의 이야기를 들어줄 누군가가 필요하다. 판단하지 않고, 조언하지 않고, 그저 듣는 것. 이것이 때로는 최고의 사랑 표현이다.

말수가 줄어든다고 해서 소통이 줄어드는 것은 아니다. 오히려 더 깊은 소통이 가능하다. 눈빛으로, 표정으로, 따뜻한 미소로 우리는 더 많은 것을 전달할 수 있다. 말로 표현하지 않아도 진심은 통하고 침묵 속에서 깊은 지혜가 빛을 발한다.

듣기는 상당한 인내심이 필요하다. 상대방을 존중하는 마음이 없다면 경청은 불가능하다. 세상에 말은 넘쳐나는데, 깊이 들어주는 사람은 드물다. 내 말을 경청하는 사람을 싫어할 수 있을까? 괜히 하지 않아도 될 말을 보태서 점수를 잃기는 쉽지만 듣기를 보태면 그럴 일이 없다.

'듣기를 보태는 것'은 상대방을 존중하고 이해하려는 겸손한 자세의 표현이다. 들어주는 것만으로도 충분하다. 말을 보태면 훈수가 되지만 듣기를 보태면 상대방은 마음을 열고 더 많은 이야기를 해줄 것이다. 성숙한 어른은 자신의 경험을 과시하거나 강요하지 않는다. 대신 묵묵히 듣고, 때로는 따뜻한 눈빛으로 고개를 끄덕이는 것만으로도 충분한 위로와 지지를 전할 수 있다.

적절한
거리 두기의 미학

친밀함은 거리를 둘 줄 아는 지혜에서 시작된다.

마르틴 부버

자신의 경험을 강요하지 말고, 필요한 사람에게 조언을 주어라.

에픽테토스

서로를 비추되 녹이지 않는 달빛 같은 거리가 필요하다.

라빈드라나트 타고르

나이 들면서 배워야 할 것은 타인의 삶을 존중하는 법이다.

마이클 폴란

적당한 거리 두기는 상대를 이해하는 첫걸음이다.

알베르 카뮈

사랑은 가까이 있는 것만으로 이루어지지 않는다.
때론 거리를 유지할 때 더욱 아름답다.

칼릴 지브란

풀리지 않는 원고 뭉치를 들고 카페에 간 날이었다. 사람이 많아 테이블이 다닥다닥 붙은 자리에 앉았는데, 옆 테이블의 대화가 그대로 들려왔다. 60대 후반으로 보이는 어르신들의 모임이었다. 목소리가 가장 큰 어르신은 시종일관 돈 자랑과 재테크 조언을 늘어놓고 있었다. "내가 경험해보니까…" "이런 식으로 투자해야 돼"라며 요청받지도 않은 조언을 가르치듯 쏟아냈다. 다른 어르신들의 표정은 점점 굳어갔고, 누군가는 핸드폰만 만지작거리고, 또 다른 이는 시계만 보았다. 결국 어르신들은 애매한 핑계를 대며 하나둘 자리를 뜨고 모임이 끝났다.

그 모습을 보며 관계를 지속하기 위해서는 적절한 거리가 필요하다는 걸 다시금 느꼈다. 너무 가까우면 서로가 부담스러워지고, 너무 멀면 관계가 소원해진다. 자신과 타인 사이의 경계를 존중하고, 그 안에서 조화로운 관계를 유지하는 것이 품격이다.

과거에 한 지붕 아래 대가족이 같이 살던 시대에는 개인의 영역보다는 공동체의 이익을 우선시하는 가치관이 지배적이었기 때문에 타인의 일에 간섭하는 것을 당연하게 여기기도 했다. 하지만 지금은 다르다. 개인의 고유성과 영역을 중요시한다. 각자의 삶과 선택을 존중하는 것이 기본적인 예의인 시대에 살고 있다. 시대가 이렇게 달라졌는데 "감 놔라, 배 놔라, 귤 까라" 하며 선 넘는 참견을 일삼는다면 관계는 돌이킬 수 없는 지경에 이른다.

특히 경제적인 조언이나 인생 훈수는 더욱 조심스러워야 한다. 아무리 좋은 의도라도, 요청받지 않은 조언은 상대방에게 부담이다. 친근한 마음에, 가까운 사이니까 한 말과 행동이 관계의 거리를 멀어지게 만들었다. 거리 두기에 실패한 순간, 관계는 무너지기 시작한다.

시간이 지나면서 친구나 가족과의 관계가 변화하면서 외로움과 소외감을 느끼는 감정을 해소하기 위해 타인과의 관계에 집착하고, 과도하게 관심을 보일 수 있다. 하지만 지나친 참견은 가족과 지인에게는 부담이 되고, 자칫 관계의 갈등을 유발할 수 있다. 주변 사람의 삶을 존중한다면, 그들의 삶에 너무 깊숙하게 개입하려 하면 안 된다.

관계를 지속하기 위해서는 적절한 거리가 필요하다. 너무 가까우면 서로가 부담스러워지고, 너무 멀면 관계가 소원해진다. 관계의 미학은 절묘한 거리에 있다. 너무 멀지도, 너무 가깝지도 않은 과유불급을 아는 지혜에서 비롯한다.

3장

내 일을
유능하게 해내는 법

지금
밥 먹듯이 하는 일은 무엇인가?

비전은 붙들고 변명은 버려라.
그리고 항상 자신만의 '이유'를 기억하라.

카렌 살만손

성공은 하룻밤 사이에 이루어지지 않는다.
꾸준함과 헌신이 필요하다.

톰 브래디

내가 가진 모든 것은 훈련 덕분이다.

리오넬 메시

할 수 없는 이유를 찾지 말고 할 수 있는 방법을 찾아라.

J.K 롤링

변명하는 데 쓰는 시간으로 목표를 달성할 수 있다.

매튜 헤이그

갓난아기를 보면 다시 깨달을 수 있다.
우리 모두는 배우고, 계속 시도하고,
목표에 집중하고, 달성할 때까지
꾸준히 노력하며 살아가고 있다는 것을 말이다.
에블린 브룩스

마라톤은 42.195km를 한 번도 쉬지 않고 달리는 경기다. 이 거리를 누군가는 2시간 7분에 완주하지만 어떤 이는 평생 1km조차 뛰어본 적이 없다. 이 극명한 차이는 어디에서 오는 것일까? 마라톤 선수는 밥 먹듯이 뛴다. 뛰기 위해 밥을 먹을 수도 있고, 밥을 먹기 위해 뛸 수도 있다. 목표 달성은 단순하다. 그저 밥 먹듯이 하면 된다.

하루 세끼 밥을 먹는 데 30분씩 든다고 가정해보자. 그렇다면 남들이 하기 싫어하는 일이나 어려운 일을 30분씩 하루 세 번 하는 것만으로도 확실히 다른 결과를 얻을 수 있다. 이렇게 하다 보면 대부분의 사람이 평생 도달하지 못할 곳에 갈 수 있다. 하지만 하루 세끼는 꼬박 챙겨 먹으면서도, 남들이 싫어하는 일이나 어려워하는 일은 하지 않는다. 중간에 쉬고, 다시 시작하는 과정을 반복하다 보니 습관이 형성되지 않는다.

매일 계획만 세우고 결심만 한다면 실제로 1km조차 뛰지 못한다. 그러면 계속 1km도 뛰지 못하는 사람인 채로 살아가는 것이다. 1km도 뛰지 못하는 사이, 마라토너들은 지구를 몇 바퀴나 돈다. 비가 오나 눈이 오나 태풍이 오나 밥 먹듯이 뛴다.

1km도 뛰지 않는 사람들은 어떤가? 운동화를 사도 뛰지 않고, 날씨가 좋아도 뛰지 않는다. 기분이 안 좋아서, 우울해서, 상황이 따라주지 않아서, 개인적인 사정이 생겨서, 바빠서 뛰지 않는다. 심지어 밥을 먹어도 뛰지 않는다. 그럼에도 불구하고 그들은 자신만의 속도로 가고 있다고 말한다. 우리의 미래는 현재 우리가 밥 먹듯이 하는 일을 보면 예측할 수 있다. 밥 먹듯이 무엇을 하고 있는가? 평생 밥은 하루 세끼 챙겨 먹었지만 그처럼 꾸준히 해온 일은 과연 무엇인가? 이 질문에 대한 답변은 우리의 미래를 결정할 것이다.

많은 사람이 밥을 먹고 방황하고, 밥을 먹고 기복을 타고, 밥을 먹고 도망다니기도 한다. 하지만 누군가 밥 먹듯이 해온 일이 무엇이냐고 물었을 때 방황하고, 기복을 타고, 도망다니는 데 모든 기운을 다 썼다고 말할 수는 없지 않은가. 오늘부터라도 '밥 먹듯이' 할 수 있는 중요한 일을 찾아 시작해보자. 그것이 운동이든, 학습이든, 취미 활동이든 상관없다. 하루에 30분씩 세 번, 중요한 일에 시간을 투자한다면, 1년 후에는 분명 큰 변화가 있다.

삶은 지금 이 순간, 바로 여기서 결정된다. 밥 먹듯이 하는 그 작은 선택들이 모여 운명을 만든다. 한 사람은 제자리걸음을 반복하는 동안 다른 사람은 끊임없이 새로운 도전을 하고 있다. 비밀은 단 하나. 그저 '밥 먹듯이' 하는 것이다. 우리는 인생이라는 마라톤에서, 지금 어디쯤 달리고 있는가? 아직 출발선에 서 있다면, 지금이 바로 레이스를 시작할 때다. 결승선은 멀리 있지 않다. 그저 하루에 세끼 밥을 먹듯이 하는 행동에 달려 있을 뿐이다.

바쁜 것과 생산적인 것은 다르다

무엇을 위해 사는지 모르는 사람은 언제나 너무 바쁘다.

헨리 데이비드 소로

분주한 것이 성공은 아니다.
벌이 윙윙거린다고 꿀을 만드는 것은 아니니까.

에이브러햄 링컨

목표가 없는 사람은 어디로 가는지도 모른 채 바쁘기만 하다.

마크 트웨인

바쁨은 성과의 척도가 아니다.

로빈 샤르마

의미 없는 바쁨은 영혼의 게으름이다.

소크라테스

지혜로운 자는
우둔한 자가 가장 나중에 하는 일을
즉시 해치운다.

발타자르 그라시안

　사람들은 항상 시간이 없다고 한다. 하지만 한국인의 평균 스마트폰 사용시간은 하루 3시간 이상이다. 정말 시간이 없는 걸까? 시간이 없다고 말하면서 무의식적으로 의미 없는 시간을 보내고 있다. SNS를 들여다보고, 무한 스크롤에 중독되고, 습관적으로 스마트폰을 들여다보는 시간만 줄여도 상당한 여유가 생긴다.

　문제는 '바쁨'과 '생산성'을 혼동하고 있다는 점이다. 하루 종일 이것저것 하느라 분주했지만 정작 의미 있는 일은 하나도 하지 못했다고 느낄 때가 있다. 시간의 소중함을 충분히 인지하지 못하고 있거나 시간 관리 능력이 부족하다는 것을 의미한다. 진정한 시간 관리는 '무엇을 하지 않을 것인가'를 결정하는 것에서 시작한다. 모든 것을 다 하려고 하면 결국 아무것도 제대로 하지 못한다.

시간 관리에서 중요한 것은 '집중'이다. 여러 가지 일을 동시에 하는 것은 마치 여러 개의 불을 동시에 피우려는 시도와 같다. 한 번에 여러 군데 불을 지피면 결국 각각의 불은 약해지고, 모두 금세 꺼져버린다. 한 가지 일에 온전히 집중하는 것은 한 자리에 불을 지피고 그 불을 키워나가는 것처럼 더 큰 열기와 성과를 만들어낸다.

또한, 우리는 때때로 '완벽한 시간'을 기다리느라 지금 당장 시작할 수 있는 일도 미루곤 한다. '시간이 나면', '여유가 생기면'이라는 말은 사실 그 일을 하지 않겠다는 우회적인 표현이다. 완벽한 시간은 결코 오지 않는다. 지금 이 순간이 시작하기에 가장 좋은 때다. 휴식도 마찬가지다. 무의미한 스크롤링으로 시간을 보내는 것은 진정한 휴식이 아니다. 오히려 더 피곤해지고 시간을 낭비하게 된다. 짧더라도 잠을 자는 것이 생산적이다.

사람들은 스마트폰을 하면서 외로움이나 불안감을 해소하려고 한다. 특히 불안한 상황에서 스마트폰을 통해 다른 사람들과 소통하거나 관심사를 공유하며 안정감을 얻으려고 한다. 하지만 이것은 마치 모래성 쌓기와 같아서 근본적인 해결책이 되지 못한다.

스마트폰 사용시간을 줄이기 위해 앱을 10개를 삭제해 보았다. 단 10개의 앱을 삭제했을 뿐인데, 하루 스마트폰 사용시간이 56분으로 줄어들었다. 시간이 부족하다고 느낀다면 지금 스마트폰을 열어서 앱 10개를 과감히 지워보자. 어쩌면 우리는 시간이 없어서가 아니라 '시간이 없다'는 말 뒤에 숨어 정작 중요한 일을 미루고 있는지도 모른다.

무심코 내뱉는 '시간이 없다'는 말속에는 불편한 진실이 숨어 있을지도 모른다. 그것은 진정한 우선순위를 드러내는 자백이다. "운동할 시간이 없다"는 말은 결국 '운동이 그만큼 중요하지 않다'는 의미이다. 우리에게 부족한 것은 시간이 아닌 집중하고자 하는 의지인 것이다.

바쁘다는 말 뒤에는 세 가지 질문이 숨어 있다.

1. 무엇을 위한 바쁨인지

2. 바쁨이 어떤 결과를 만들어내고 있는지

3. 바쁨이 우리를 어디로 이끌고 있는지

이 질문들에 대한 명확한 답을 가지고 있을 때 비로소 시간을 제대로 관리할 수 있다. 하루하루를 채우는 이 분주함은, 진정 우리가 원하는 삶을 향한 발걸음일까?

나를
몰아세우지 않는다

인생에서 잠시 멈추는 것은
나아갈 방향을 확실히 하기 위한 지혜의 시간이다.

돈 미겔 루이스

멈춰 서서 풍경을 바라보는 것도 여행의 한 부분이다.

아우구스티누스

정체기는 내면의 소리를 듣는 시간이다.

조지 엘리엇

과정에서 방황하는 것은
새로운 길을 발견하는 첫걸음이다.

에밀리 브론테

쉼이 없다면 성장은 불가능하다.

헨리 데이비드 소로

방황은 방향을 찾기 위한 자연스러운 과정이다.

시몬 베유

성공은 결코 직선을 그리지 않는다.
실패와 방황을 겪으며,
그 속에서 다시 일어설 힘과 결단력을 얻으며, 곡선을 그린다.

앤절라 더크워스

이전에는 쉽게 이루었던 목표 달성이 갑자기 느려지고 성장이 둔화된 것 같은 느낌을 받을 때가 있다. 8년 전 나는《필사, 쓰는 대로 인생이 된다》라는 책을 온 힘을 다해 쓰느라 완전히 방전이 되어버렸다. 그 후로 슬럼프에 빠져 4년 동안 책을 집필하지 못했다. 4년 동안 혹독한 성장 정체기를 보내고 있다고 생각했는데, 한참 지난 후에 그 시절을 되돌아보니 정체기가 아닌 평생 글을 쓸 체력을 축적하는 시간이었다.

내적인 성장은 겉으로 쉽게 보이지 않기 때문에 성질이 급한 사람은 왜 더 이상 성장하지 않는지 답답하기만 하다. 책을 쓰지 못하는 시기가 4년이나 지속되고, 절필했냐는 소리까지 들었다. 간절하게 책을 쓰고 싶었으나 지독한 슬럼프를 겪고 있기에 글이 잘 나오지 않았다.

2014년부터 2016년까지 5권의 책을 썼다. 혈기 왕성한 30대라서 과속성장을 향해 내달렸다. 8월 휴가철, 집에서는 도저히 집중할 수 없어 독서실로 향했다. 그곳에서 하루하루 글과 씨름했다. 시간이 아까웠다. 마흔이 되자 모든 것이 멈춘 듯 체력에 문제가 생기기 시작했다. 그런 자신이 답답해서 견디기가 힘들었다. 빨리 달려야 하는데, 몸은 물먹은 솜처럼 무거워서 달릴 수도, 걸을 수도 없었다. 번아웃과 동시에 슬럼프가 찾아온 것이었다. 그 사실을 인정할 수 없었던 나는 한동안 방황을 겪었다. 재충전의 시간이 절대적으로 필요한 시기에 왜 더 이상 성장하지 못하냐고 스스로를 채찍질했다.

그리고 빨리 슬럼프에서 벗어나고 싶어서 무엇이든 해보려고 했다. 그러다 콘텐츠의 방향을 글에서 영상으로 전환해보자는 생각으로 유튜브를 시작했다. 아이디어를 짜내고 영상을 만드는 데 집중하며 지내다 보니 이제는 내가 유튜버인지 작가인지 정체성에 혼란이 왔지만 그렇게 4년을 지속하자 드디어 글이 너무나도 쓰고 싶어졌다. 그제야 알게 되었다. 지난 4년이 결코 헛된 시간이 아니었다는 것을. 책을 소재로 영상 콘텐츠를 만들면서 새로운 시각으로 세상을 보는 법을 배웠고, 다양한 사람들과 소통하는 시간을 가질 수 있었다. 그 과정에서 다른 방식으로 자신을 표현하는 법을 배웠고 새로운 시각과 경험들은 글감이 되어 돌아왔다. 일종의 우회로였다. 때로는 직진만이 답이 아니다. 돌아가는 길이 오히려 더 많은 것을 보고 배우는 기회가 된다.

성장 정체기를 어떻게 보내야 하는가? 답은 의외로 단순하다. 그 시기를 있는 그대로 받아들이는 것이다. 쉼이 필요할 때는 충분히 쉬고, 방황이 필요할 때는 방황하면 된다. 그 과정에서 자신도 모르는 사이에 새로운 에너지를 축적하고, 다른 관점을 발견한다.

실패와 후퇴만 가득한 것 같은 성장 정체기일지라도 분명 다음 단계로 도약하기 위한 준비 기간이 된다. 이 시기를 어떻게 보내느냐에 따라 고통스러운 슬럼프가 될 수도 있고 값진 성장의 밑거름이 될 수도 있다. 중요한 것은 자신을 너무 몰아세우지 않는 것이다. 때로는 멈추는 것이, 쉬어가는 것이, 돌아가는 것이 더 빠른 길일 수 있다.

완벽주의자는
모든 일에 실패할 수밖에 없다

완벽함이란 신이 만든 환상일 뿐이다.

파블로 피카소

현대인은 완벽함을 추구하느라 진정한 자아를 잃어버린다.

지그문트 바우만

완벽함은 죽음과 같다.
완벽한 순간에는 더 이상 성장할 공간이 없다.

존 스타인벡

행복은 완벽한 삶이 아니라
불완전한 삶을 완벽하게 받아들이는 것이다.

마리 퀴리

완벽함을 추구하는 것은 행복을 놓치는 지름길이다.

찰스 부코스키

우리가 해야 할 일은 '그냥 하는 것'이다.
아무리 부족하다고 느끼더라도
그 모든 것이 나를 완성해가는 과정이다.

개리 비숍

육각형 인간이란 모든 면에서 완벽한, 이상적인 인간을 의미한다. 마치 모든 변의 길이와 각도가 같은 육각형 도형처럼 외모, 학력, 자산, 직업, 인간관계, 성격 등 모든 측면에서 균형 잡힌 모습을 갖춘 사람을 뜻한다. 한마디로 완벽한 사람을 말하는 것이다. 이는 완벽주의가 만연한 우리 사회의 인식을 반영한다. 마치 사회가 그려놓은 완벽한 육각형 도형에 자신을 끼워 맞추려는 듯하다.

육각형 인간은 우리 사회가 만들어낸 허상이다. 왜 존재하지도 않는 육각형 인간을 좇고 있을까? 우리는 서로 다른 모양의 별이나 마름모, 혹은 전혀 다른 형태의 도형일지도 모른다. 누군가는 세 개의 면만 가졌을 수도, 또 다른 누군가는 일곱 개의 면을 가졌을 수도 있다. 육각형만이 완벽한 인간이라는 인식은 왜 생긴 걸까?

이런 허상이 생겨난 원인은 현대 사회의 복잡한 욕망이 자리 잡고 있다. 소셜 미디어로 사람들은 끊임없이 타인의 삶을 들여다보게 되었고, 그 과정에서 각자가 가진 장점들을 조합해 하나의 완벽한 인간상을 만들어냈다. A의 화려한 커리어와 B의 완벽한 외모, C의 풍부한 인맥과 D의 부러운 취미생활을 모두 합친 모습이 바로 육각형 인간의 실체다. 이에 맞춰서 높은 연봉, 화려한 스펙, 넓은 인맥, 건강한 몸과 마음, 풍요로운 문화생활까지… 모든 것을 한꺼번에 이루려다 보니 삶은 점점 더 버거워진다.

더욱이 취업 준비생들 사이에서 이 용어가 자주 사용된다는 점은 시사하는 바가 크다. 기업들은 채용 과정에서 지원자들에게 점점 더 많은 것을 요구한다. 학점은 기본이고, 어학 성적과 자격증은 필수다. 거기에 교환학생 경험이나 인턴십 같은 대외활동이나 봉사활동 경력도 중요하다. 심지어 취미나 특기를 통해 자신의 참신함까지 보여줘야 한다. 이런 채용

시장의 현실은 청년들을 육각형 인간이 되기 위한 무한 경쟁으로 내몰고 있다.

어쩌면 육각형 인간에 가까운 사람이 존재할지도 모른다. 하지만 그들조차도 자신을 완벽한 육각형이라고 생각하지는 않을 것이다. 겉으로 보기에 완벽해 보이는 사람도 각자의 고민과 결핍을 안고 살아간다. 겉으로는 성공가도를 달리는 것처럼 보이는 사람도 매일 자신의 불완전함을 마주하며 살아가고 있을 것이다.

사회철학자 헤르베르트 마르쿠제가 《일차원적 인간》에서 경고했던 것처럼 현대 사회는 개인의 다양성을 인정하지 않고 규격화된 인간상을 강요한다. 육각형 인간이라는 개념의 유행은 바로 이런 전체주의적 획일화의 한 단면을 보여준다.

나는 육각형은커녕 삼각형 인간도 되지 못한다. 육각형이면 어떻고 삼각형이면 어떠한가. 누군가는 따뜻한 감성으로, 또 다른 누군가는 치열한 논리로, 어떤 이는 창의적인 상상력으로 자신만의 가치를 만들어갈 수 있다.

불완전하지만 그래서 더욱 인간적인, 모난 곳이 있지만 그래서 더욱 매력적인, 그런 각자의 모습을 인정하는 것이 건강한 생각이다. 진정한 성장이란 남들이 그려놓은 육각형의 틀에 자신을 맞추는 것이 아니라 자신만의 고유한 형태를 찾아가는 여정일 것이다. 그 여정에서 조금 더 너그러워질 필요가 있다. 나에게도, 타인에게도. 우리 모두는 완벽하지 않기에 더욱 완벽한 존재니까.

전력 질주한 경험이
평생의 무기가 된다

완벽주의를 버리고 행동하라.

셰릴 샌드버그

성공은 단지 최고의 아이디어를 갖는 것이 아니라
그 아이디어를 가장 빠르게 실행하는 것이다.

빌 게이츠

나는 천재가 아니다. 단지 남들보다 질문을 오래 던질 뿐이다.

알베르트 아인슈타인

성공의 비결은 단 한 가지, 잘 할 수 있는 일에
광적으로 집중하는 것이다.

톰 모나건

챔피언은 링에서 만들어지는 것이 아니다.
체육관에서 만들어진다.

무하마드 알리

성취하는 데 마법은 필요 없다.
필요한 것은 노력과 선택과 꾸준함뿐이다.

미셸 오바마

성취를 향한 여정에 필요한 두 가지 강력한 무기가 있다. 바로 속도와 양이다. 이 두 요소는 어떤 분야에서든 놀라운 결과를 만들어내는 힘을 가지고 있다. 빠른 속도는 예술적 영감을 포착하고 구현하는 데 필수적인 요소이다. 영감은 밤하늘의 별똥별과 같아서, 순간의 섬광을 놓치면 다시 만나기 어렵다.

실리콘밸리의 스타트업 문화는 속도의 중요성을 잘 보여준다. 페이스북의 초기 모토였던 "빨리 움직이고 깨트려라(Move fast and break things)"는 빠른 실행과 개선을 중시하는 철학을 담고 있다. 이런 접근법은 혁신적인 제품과 서비스를 탄생시켰다. 양의 힘도 무시할 수 없다. 스티븐 킹은 매일 2,000단어씩 글을 쓰는 습관으로 유명하다. 흔들림 없는 실천은 그를 세계적인 작가로 만들었다. 마라톤 선수가 매일 꾸준히 달리며 체력을 키우는 것처럼, 킹의 방식은 글쓰기 능력을 지속적으로 향상시켰다.

나는 블로그에 매일 글을 썼다. 처음에는 하루에 하나를 쓰는 것도 쉽지 않았지만 블로그를 운영한 지 1년이 지나자 하루에 3개씩 글을 써도 힘들지 않았다. 흥미로운 점은 속도와 양이 서로 시너지를 일으킨다는 것이다. 속도를 높이려 노력하면 자연스럽게 양이 늘어나고, 양을 늘리다 보면 속도도 함께 향상된다. 운동선수가 고강도 인터벌 트레이닝과 지구력 훈련을 병행할 때 최상의 결과를 얻는 것과 유사하다.

만약 해결하기 어려운 문제에 직면했거나 슬럼프에 빠졌다면, 속도와 양을 한 단계 더 끌어올려 보자. 파블로 피카소는 슬럼프를 겪을 때마다 더 많은 그림을 그렸다. 피카소는 "영감이 찾아오길 기다리지 말고, 영감이 일하는 당신을 발견하게 하라"고 말했다.

평생 전력질주를 할 수는 없다. 우사인 볼트도 100미터를 전력질주한 후에는 휴식이 필요하다. 인생의 중요한 순간에는 반드시 전력질주를 해봐야 한다. 그 경험이 평생의 자산이 되기 때문이다. 30대 중반에 단련해놓은 집중적인 글쓰기 경험은 지금까지도 창작 활동의 근간이 되고 있다.

항해가들이 새로운 항로를 찾기 위해 수많은 모험을 감행했듯, 자신의 바다에서 한계를 시험해봐야 한다. 그 경험이 앞으로의 항해를 이끄는 키가 될 것이다. 바람과 조류, 이 두 힘을 잘 다룬다면, 우리는 상상 이상의 대륙에 닿을 수 있다.

존재의 무게는 행동의 총합이다. 삶은 끊임없이 무언가로 변화하고 성장하는 과정이다. 그 과정의 핵심에는 속도와 양이라는 두 축이 자리 잡고 있다. 이것은 단순한 물리적 개념을 넘어 존재의 본질을 형성하는 근원직 힘이다. 속도는 의지가 현실화되는 즉각성이며 양은 그 의지의 지속성이다. 헤라클레이토스의 '판타 레이(모든 것은 흐른다)'처럼 인생은 끊임없는 변화의 연속이다. 그 변화의 물살을 거스르지 않고 흐름을 타는 것이 속도와 양의 힘을 명석하게 활용하는 방법이다.

결정적인 순간에 드러나는 태도의 힘

태도는 작은 차이지만 그것이 모든 차이를 만든다.

윈스턴 처칠

당신이 태도를 바꾸면 운명이 따라온다.

랄프 왈도 에머슨

태도를 통해 삶의 고도가 결정된다.

에드윈 루이스 콜

태도는 단지 마음의 상태일 뿐 아니라
우리가 만나는 모든 사람과 상황에 대한
우리의 반응을 형성하는 뿌리다.

로버트 브라우닝

닥쳐올 고통을 선택할 수는 없지만
그것을 대하는 태도는 직접 선택할 수 있다.

고든 리빙스턴

가장 좋은 태도는 물과 같은 것이다.
물은 만물에 혜택을 주면서 상대를 거역하지 않고
낮은 곳으로 흘러간다.
물처럼 거스름이 없는 태도를 가져야 한다.

노자

고수는 가능한 방법을 찾지만

하수는 되지 않을 방법을 찾는다.

고수는 하늘을 비상할 길을 찾아내지만

하수는 땅속에 갇히는 길로 기어 들어간다.

고수는 하나를 배우면 둘을 알아내려 스스로 공부하지만

하수는 하나를 배우면 귀를 닫고 같은 질문을 계속한다.

고수는 실패를 거듭하면서 불가능을 하나씩 제거하지만

하수는 단 한 번의 실패 없이 성공하려 한다.

고수는 자신을 가다듬어 방법을 찾고 기회를 잡아 속도를 내며 용문에 뛰어올라 가지만

하수는 남과 비교하며 집중하지 못하고 기회를 흘려보내며 천천히 스스로의 발에 족쇄를 건다.

고수는 이상을 품고 기꺼이 서리를 밟으며 절차탁마(切磋琢磨)하지만

하수는 이상만 품고 역경을 피하려다가 더 큰 화를 불러들인다.

고수는 힘든 순간마저 기꺼이 껴안고 노래를 부르며 용기와 흥을 돋우지만

하수는 힘든 순간이 오면 화살을 돌려 남에 대한 원망으로 흥을 깨고 세상을 어둡게 한다.

고수는 자신의 실력을 과신하지 않고 항상 배우는 자세를 유지하지만

하수는 작은 성공에 도취되어 공부를 게을리한다.

고수는 목표를 향해 한 걸음씩 꾸준히 나아가지만

하수는 당장의 결과만을 바라며 조급해한다.

고수는 동료와 경쟁자의 성공을 축하하고 그들로부터 배우려 하지만

하수는 남의 성공을 시기하고 질투하며 자신의 실패를 정당화한다.

고수는 자신의 분야에 대한 깊은 이해와 통찰력을 갖추려 노력하지만

하수는 피상적인 지식에 만족하고 깊이 있는 학습을 회피한다.

고수는 자신의 실력 향상에 꾸준히 집중하지만

하수는 남들의 시선과 평가에 연연하여 진정한 성장을 이루지 못한다.

고수는 타인과의 협업을 통해 시너지를 창출하지만

하수는 혼자만의 능력에 의존하여 한계에 부딪힌다.

고수는 자신의 감정을 조절하고 이성적인 판단을 내리지만 하수는 감정에 휘둘려 비합리적인 결정을 내린다.

지금 거울을 보라. 사람이 하는 말, 눈빛, 팔의 위치, 입 모양, 발의 모양새, 표정, 행동, 하나하나가 태도다. 이 태도가 바로 인생의 거울이다. 결정적인 순간이 오면, 태도에 나타난 거울대로 세상이 응답하게 될 것이다.

오늘 죽지 않는다면
죽지 못해 사는 날들이 이어진다

끊임없이 죽고 다시 태어나는 자만이
삶의 의미를 완전히 이해할 수 있다.

프리드리히 니체

진정한 삶은
끊임없이 자신을 깨뜨리며 새롭게 만들어가는 것이다.

헨리 데이비드 소로

당신이 정말로, 온전히, 충만하게 사는 것은
몇 년에 불과할지 모른다.
그러니 당신만의 멋진 인생을 살라.
항상 새로운 것을 찾아 새로운 당신이 되어라.

오스카 와일드

안전지대 밖에서 마법이 시작된다.

로이 T. 베넷

불가능은 아무것도 아니다.
그저 크고 거대한 가능성일 뿐이다.

무하마드 알리

한계는 단지 마음의 문턱일 뿐 행동의 장벽은 아니다.

에릭 호킨스

우리는 매일 알에서 깨어난다. 새로운 아침이 시작되고 새로운 시간이 펼쳐진다. 어제의 나를 뛰어넘는 일에 주저하고 있다면 어제와 같은 오늘이 반복될 뿐이다. 매일 자신의 한계와 씨름해야 한다. 몇 번쯤은 죽었다 깨어나야 한다. 책 한 권을 탈고하려면 벽에 머리를 수십 번을 찧어야 한다. 그래야 읽을 만한 글을 쓸 수 있다. 강연 프로그램 하나를 만들려면 토할 정도로 몰입해야 한다. 그래야 들을 만한 강연을 할 수 있다.

자신의 모든 것을 소진했다는 생각이 들어야 제대로 된 결과물이 나온다. 그래야 남을 감동시킬 수 있다. 숟가락 하나들 힘이 없을 정도로 몰입하라! 오늘 주어진 에너지를 소진하고 내일 또다시 태어나자. 우리는 매일 새로 태어날 수 있다.

'죽여주는 결과물'을 만들어내기 위해 자신의 모든 것을 바치는 것은 자기 초월의 과정이다. 인간은 무언가를 초월했을 때 극도의 희열을 느낀다. 심리학자 미하이 칙센트미하이의 플로우 이론, 즉 '완전한 몰입'은 인간의 최적 경험을 설명하는 중요한 개념이다. 극단적인 노력이 아니라 시간과 자아를 잊은 채 활동 그 자체에 빠져드는 완전한 몰입을 뜻한다.

몰입의 경험은 즐거움을 넘어서는 깊은 만족감을 준다. 플로우 상태에서 우리는 자신의 기술과 도전의 균형을 이루며, 명확한 목표와 즉각적인 피드백을 경험한다. 이는 마치 모든 에너지를 소진하고 '죽어버리는' 듯한 강렬한 경험이다. 일상적인 걱정과 불안에서 벗어나 순수하게 현재에 집중하는 몰입의 경험은 매우 짜릿해서 중독성이 있다. 그래서 중간 과정이 아무리 힘들다 하더라도 빠져들 수밖에 없다. 궁극의 만족감이 어떤 것인지 알게 된다.

삶이 충만해지고, 잠이 잘 오고, 찝찝하던 기분이 사라지고, 후회가 남지 않는 가장 좋은 길은 자신의 한계에 도전하며 살아가는 것이다. 단순히 바쁘게 사는 것이 아니라 의미 있는 일에 온전히 집중하고 몰입하는 것을 의미한다. 이러한 삶은 단기적으로는 힘들고 고단하지만 장기적으로 보면 가장 만족스럽고 행복한 삶이다.

과거는 이미 지나갔고 미래는 아직 오지 않았기에, 현재에 집중한다면 삶의 순간마다 그 의미를 깊이 새길 수 있다. 현재에 온전히 머무르며 지금 이 순간의 경험을 충실히 누리는 것이 진정한 행복이다.

완전한 몰입은 걱정을 몰아내고 불안을 잠재운다. 우리는 완전한 몰입을 경험하지 못했기에 걱정과 불안을 숙명처럼 껴안고 산다. 불안과 걱정은 운명도 숙명도 아니다. 오늘 반드시 소진해야 할 에너지를 너무 많이 남겼기에 잠이 오지 않아 생기는 부산물일 뿐이다.

어제의 자신을 찢어라! 한계라고 여기던 것을 파열하라! 어제의 나를 찢어버려야 뭐가 되도 된다. 인생의 모래시계는 오늘도 째깍째깍 수명을 다해가고 있다. 오늘의 내가 어제의 나를 넘어서지 못한다면 내일은 죽지 못해 사는 날들이 이어질 것이다.

자신의 능력을 과신하면
위험에 빠진다

자신의 능력에 대한 과신은 재난의 시작이다.

앤드루 카네기

성공은 제아무리 똑똑한 사람일지라도
절대 실패하지 않는다고 착각하게 만든다.

빌 게이츠

나는 내가 아무것도 모른다는 것을 안다.

소크라테스

자신의 한계를 모르는 사람은 결국 그 한계 때문에 멸망한다.

윈스턴 처칠

알고 있다는 굳은 믿음이 더 큰 무지를 만들어낸다.

플라톤

> 못난 사람은 잘될수록 자만심으로 부풀어 오르고
> 역경에 처하면 자멸한다.
>
> 에피쿠로스

세계에서 가장 유명한 공동묘지인 파리의 '페흐 라셰즈'에는 수많은 예술가와 문인들이 잠들어 있다. 쇼팽, 에디트 피아프, 짐 모리슨 등 쟁쟁한 인물들 사이에서 단연 눈에 띄는 것은 오스카 와일드의 무덤이다. 거대한 공동묘지를 몇 시간이나 헤매야 할 것 같았지만 와일드의 묘지는 의외로 쉽게 찾을 수 있었다. 그의 무덤 주변에 가장 많은 사람이 모여 있었기 때문이다.

왜 이토록 많은 이들이 와일드의 무덤을 찾는 것일까? 그것은 아마도 천부적인 재능과 비극적인 인생이 만들어낸 아이러니 때문일 것이다. 하지만 더 중요한 이유는 오스카 와일드가 남긴 작품들이 여전히 많은 사랑을 받고 있다는 점이다. 와일드의 작품을 처음 접했을 때의 강렬한 충격을 잊을 수 없다.

시리도록 아름다우면서도 위트 있고, 정곡을 찌르는 날카로운 문장들. 과연 이런 글을 쓰는 사람이 존재할 수 있단 말인가?

아일랜드의 부유한 가정에서 태어난 와일드는 타고난 재능과 환경을 모두 갖추고 있었다. 옥스퍼드 대학에서 고전학을 전공하며 뛰어난 학문적 성과를 이루었고, 작가로서 큰 성공과 유명세를 누렸다. 그러나 와일드의 재능은 양날의 검이 되어 그를 파멸로 이끌었다. 와일드가 지닌 뛰어난 언변과 재치로 인해 그는 점점 오만해졌고 결국 자신의 능력을 과신하여 치명적인 실수를 저지르고 만다.

동성애 혐의로 고소당했을 때 그는 변호사를 고용하지 않고 스스로를 변호하려 했다. 과도한 자신감의 결과였고, 결국 패소하여 엄청난 벌금과 징역형을 선고받았다. 와일드의 비극은 여기서 끝나지 않았다. 호화로운 생활에 익숙했던 그는 감옥에서의 고된 노역을 견디지 못하고 건강이 급격히 악화되었다. 출소 후 영국에서 추방된 오스카 와일드는 파리에서 비참한 말년을 보내다 46세의 나이로 세상을 떠났다.

와일드의 이른 죽음은 문학계의 큰 손실이었다. 그의 재능이 더 오래 꽃피웠다면《행복한 왕자》나《도리언 그레이의 초상》을 뛰어넘는 걸작을 남겼을 것이다. 날카로운 통찰력과 아름다운 문장은 많은 독자에게 감동을 주고, 세상을 바라보는 새로운 관점을 제시했을 것이다. 와일드의 재능이 파멸의 씨앗이 되리라고는 누구도 예상하지 못했을 것이다.

그의 천재성은 세상을 아름답게 만드는 힘이었지만 동시에 자신을 파괴하는 독이 되었다. 이는 재능이라는 선물을 얼마나 섬세하게 다루어야 하는지, 지혜롭게 사용하는 것이 얼마나 중요한지를 생각하게 한다. 와일드가 자신의 재능을 조금 더 겸손하게 다루었다면, 사회가 그의 성향을 조금 더 너그럽게 받아들였다면, 그는 더 오랜 시간 글을 쓸 수 있었을 것이다.

사람들이 와일드의 무덤을 찾는 것은 단순히 작품에 대한 사랑 때문만은 아닐 것이다. 그것은 그의 재능에 대한 경외와 재능이 더 오래 꽃피우지 못한 것에 대한 안타까움의 표현일 것이다. 부슬비가 내려 안개처럼 도시를 감싸고 있는 파리의 오후, 나는 오스카 와일드의 무덤 앞에서 찬란했던 재능과 비극적 운명을 동시에 마주했다. 페흐 라셰즈의 수많은 무덤 앞에서 가장 빛나는 그의 묘지 앞에서 생각한다. 천재성으로 빛나는 날개는 때때로 그 주인을 태양과 너무 가까운 곳으로 데려가 파멸로 이끌 수 있다는 것을.

뱀은 허물을 벗지 못하면 죽는다

나비가 되려면 번데기를 벗어나야 한다.

마놀로 블라닉

매일 두려운 일을 하라.

엘리너 루스벨트

변화와 성장은 고통스럽다.
하지만 그보다 더 큰 고통은 머무름이다.

벤저민 프랭클린

역경으로 인해
어떤 사람은 자신이 깨져버리고
어떤 사람은 기록을 깨버린다.

윌리엄 아서 워드

당신이 변화하지 않으면, 당신은 뒤처지게 된다.

샘 월튼

변화 없이 지금처럼 살려고 한다면,
절대 스스로가 원하는 사람이 될 수 없다.
맥스 드 프리

존재한다는 것은 변화한다는 것이다.
변화한다는 것은 성숙해진다는 것이다.
성숙해진다는 것은 자신을 새롭게 만들어간다는 것이다.
앙리 베르그송

뱀은 정기적으로 허물을 벗는다. 이것은 단순한 현상이 아니라 뱀의 생존과 직결된 중요한 과정이다. 뱀의 피부는 그들의 성장 속도를 따라가지 못하기 때문에, 뱀은 주기적으로 허물을 벗어야 한다. 뱀뿐만 아니라 개구리나 도마뱀과 같은 다른 파충류도 마찬가지다. 만약 뱀이 허물을 제때 벗지 못한다면, 그 허물은 오히려 뱀의 생명을 위협하는 요소이다. 허물에 갇힌 뱀은 결국 죽음을 맞이하게 된다. 특히 병에 걸리거나 독을 섭취한 뱀은 허물을 벗지 못한 채 생을 마감한다.

뱀이 허물을 벗는다는 것은 단순히 낡은 껍질을 버리는 것 이상의 의미이다. 뱀이 성장했다는 증거이며, 앞으로도 계속해서 생존할 수 있다는 가능성을 보여준다. 허물을 벗은 뱀은 더 큰 몸집과 함께 새로운 환경에 적응할 준비를 마친다. 인간 역시 자신의 허물을 벗어야 한다. 여기서 말하는 허물이란 우리의 낡은 사고방식, 고착된 나쁜 습관, 더 이상 유효하지 않은 관습을 의미한다. 이러한 허물을 벗는 사람만이 진정한 성장을 이룰 수 있다.

어제와 다른 오늘을 살고, 오늘과 다른 내일을 맞이할 수 있다면, 그것은 곧 매일 성장하고 있다는 증거다. 자신의 낡은 껍질에서 벗어나 어제의 자신을 뛰어넘는 과정이다. 성장하지 않거나 정신적으로 병든 상태, 또는 부정적인 사고나 해로운 습관을 지속하고 있다는 것은 마치 뱀이 허물을 벗지 못하는 것과 같다. 이런 상태에서는 자신의 낡은 허물에 갇혀 더 이상 발전하지 못한다. 비단 뱀뿐만이 아니라 인간 역시 자신의 낡은 사고와 행동 패턴에서 벗어나지 못하면 정신적, 때로는 물리적으로 죽음에 이를 수 있다.

허물을 벗지 못하고 과거의 관습과 나쁜 습관에 얽매여 사는 것은 진정한 의미의 '살아 있음'이라고 할 수 없다. 허물을 벗는 과정은 고통스럽고 어려울 수 있다. 하지만 이는 모든 살아 있는 생명이 겪어야 할 성장통이다.

오늘 허물을 벗으면, 내일은 새로운 허물을 갖게 될 것이다. 과거와 함께 탈피해야 할 자신의 허물은 무엇인가? 그것은 더 이상 유효하지 않은 믿음일 수도 있고, 자신을 제한하는 두려움일 수도 있다. 또는 더 나은 삶을 방해하는 나쁜 습관일 수도 있다. 허물을 벗는 과정은 단순히 과거를 버리는 것이 아니다. 벗어 던진 허물은 우리를 여기까지 오게 한 소중한 일부였다. 이제는 그것에 집착하지 않고 더 큰 성장을 위해 떠나보내야 할 때가 온 것이다.

만약 당장 허물을 벗지 못해 죽게 된다면, 어떤 선택을 할 것인가? 고통스럽더라도 바로 오늘 허물을 벗을 것인가, 아니면 그 허물에 갇혀 서서히 스러져갈 것인가? 이것은 매일 마주해야 할 중요한 질문이다.

인생이라는 끝없는 모험을 항해하는 우리는 매일 새로운 껍질과 마주한다. 껍질은 때로 따뜻한 요람처럼 감싸주지만 동시에 날개를 묶는 굴레가 되기도 한다. 변화의 순간에 느끼는 고통은 봄을 재촉하는 꽃샘추위와 같다. 차갑고 아프지만 그 후에 찾아오는 자유와 성장의 기쁨은 활짝 핀 벚꽃처럼 찬란하고 아름답다. 하루하루 작은 용기를 내어 익숙한 나를 벗어날 때마다 삶이라는 걸작은 완성을 향해 달려간다.

실패는
공격이다

한 번의 실패와 영원한 실패를 혼동하지 말라.

F. 스콧 피츠제럴드

좌절과 실패는 성공에 이르는 가장 확실한 디딤돌이다.

데일 캐네기

당신이 포기할 때야말로
게임이 끝나는 때다.

파블로 피카소

실패는 단순히 다시 더 현명하게 시작할 수 있는 기회다.

헨리 포드

실패에서 배울 수 있는 것이
성공에서 배울 수 있는 것보다 때로는 더 많다.

빌 게이츠

실패를 통해 우리는 더 강해진다.

나폴레온 힐

실패는 공격이다. 실패는 무기이다. 실패는 기회다. 이 진실을 깨닫는 순간 인생의 가장 강력한 도구를 손에 쥐게 된다. 실패는 그 자체로 보상으로 연결될 수 있는 잠재력을 지니고 있다. 공격은 수많은 실패를 포함하기 때문이다. 실패를 해봐야 최선의 공격을 할 준비를 갖추게 된다는 사실을 역사가 증명해왔다.

가장 위대한 성공은 처참한 실패를 딛고 그것이 무기가 되어 결과로 이어진 것이다. 월트 디즈니는 초기에 '상상력이 부족하다'는 이유로 신문사에서 해고되었다. 하지만 그는 포기하지 않고 계속해서 자신의 꿈을 추구했고, 결국 세계적인 엔터테인먼트 제국을 건설했다.

엠마 게이트우드는 미국 역사에서 가장 존경받는 하이커 중 한 명으로, '그랜마 게이트우드(Grandma Gatewood)'라는 애칭으로도 잘 알려져 있다. 그녀는 1955년, 67세의 나이에 미국의 애팔래치아 트레일을 처음으로 단독으로 완주한 여성이며, 당시 많은 이에게 영감을 주었다. 그녀의 이야기는 하이킹의 기록을 넘어 역경을 극복하고 새로운 도전에 나서는 용기의 상징이 되었다.

트레일을 걷는 동안 엠마는 여러 차례 부상을 입고 어려움을 겪었지만 실패에 굴하지 않았다. 실패를 경험 삼아 더 강해졌고 트레일 완주에 성공했다. 엠마의 도전은 한 번에 그치지 않고 이후 두 번 더 이어졌다. 그녀의 이야기는 실패가 단순한 좌절이 아니라 더 큰 성공을 향한 강력한 공격 수단이 될 수 있음을 증명한다. 엠마의 이야기는 노년층 여성들에게 큰 영감을 주었다.

실패 자체가 무기가 되는 이유는 많은 노하우를 축적할 수 있는 기회이기 때문이다. 노하우는 천금을 주고도 살 수 없다. 실패하는 과정을 거쳐야만 획득할 수 있다. 그리고 그것이 자신만의 무기가 된다. 실패가 두려워 도전하지 않는다면, 삶은 움츠러들게 된다. 껍질 속에 숨은 달팽이처럼 당장은 안전할지는 모르지만 결코 성장하거나 새로운 세계를 경험할 수 없다. 오늘 실패하고 내일은 경험이라는 소중한 무기를 획득할 것인가? 선택은 개인의 몫이다. 하지만 역사는 도전하는 자들의 것이었다.

진격하라! 나아가라! 실패하라! 경험하라! 노하우를 축적하라! 실패라는 공격을 매일 멈추지 말라! 이것은 단순한 구호가 아닌 성공을 향한 구체적인 행동 지침이다. 오늘은 고꾸라지더라도 내일은 무기를 획득해야 할 것이 아닌가. 하루하루 나아가자. 후퇴하지 말자. 실패를 두려워하여 아무것도 시도하지 않는 것이야말로 가장 큰 후퇴다.

인생의 서사를 향해 나아가라! 승리도 패배도 모르는 소극적인 삶이 아닌 위대한 서사가 있는 삶을 택하라! 우리 각자의 인생은 유일무이한 이야기다. 그 이야기를 의미 있게 만드는 것은 도전과 실패, 여기서 획득한 나만의 노하우다. 실패를 두려워하지 말고 환영하라. 그렇다면 인상적인 서사가 생길 것이다. 가장 매력없는 사람은 서사가 없는 자이다.

진격하라! 실패하라! 내일 말고 오늘 공격하라! 행동하지 않는다면, 기회는 영원히 사라질 수 있다. 지금 두려워하던 일에 도전해보라. 실패는 끝이 아니다. 그것은 새로운 시작이며, 더 나은 미래를 향한 디딤돌이다. 사람은 실패를 통해 배우고, 성장하며, 성공에 도달한다. 오늘 겪은 실패는 내일의 성공을 위한 가장 강력한 무기가 될 것이다.

남의 장단에
춤추지 않는다는 것

당신이 남들과 똑같아지는 순간,
당신은 더 이상 필요하지 않다.

말콤 포브스

당신의 삶은 오직 당신의 것이기에
가고자 하는 길은 스스로 선택하라.

존 카밧진

당신의 길을 가라.
다른 사람들이 뭐라고 하든 상관하지 마라.

단테 알리기에리

자신의 삶을 살아라.
남들의 기대에 부응하는 것은 네 삶이 아니다.

알베르트 아인슈타인

당신의 고유성을 두려워 마라. 그것이 당신의 힘이다.

리들리 스콧

인생을 소신껏 살 수 있다는 것이야말로 하나의 성공이다.

크리스토퍼 몰리

남의 장단에 춤추지 않는다는 것은 단순히 자신만의 길을 가는 것 이상의 의미가 있다. 살아가는 방식 전체에 대한 근본적인 질문을 던지는 것이다. 우리는 종종 사회의 기대와 규범에 따라 살아가는 것이 안전하고 편하다고 여긴다. 자아를 억누르고 남의 기대에 부응하며 살아가는 삶은 겉으로는 안정적으로 보이지만 내면에 갈등과 불만족을 키운다. 주체성 없는 삶은 쉽게 무기력해진다. 어느 시점에는 껍데기와 같은 삶을 살았다는 후회와 상실로 이어질 수 있다.

"그림을 그리는 것은 자기 자신을 발견하는 일이다. 훌륭한 예술가들은 모두 자기 자신을 그린다"는 말을 남긴 화가가 있다. 이 화가의 작품 〈17A〉는 3,000억에 팔렸다. 제목조차 독특한 이 작품은 남의 장단에 춤추지 않는 용기를 필요로 했다. 그의 초기 작품은 비평가들로부터 이해받지 못했다. 당연한 결과였다. 작품이 그야말로 파격적이었기 때문이다. 심지어 조롱을 받기까지 했지만 그는 굴하지 않았다. 그가 바로 액션 페인팅 기법으로 20세기 미술사에 한 획을 그은 화가 잭슨 폴록이다. 만약 잭슨 폴록이 세간의 부정적 비판에 휘둘려 전통적인 예술 규칙에 따라 그림을 그리기로 했다면 어떻게 되었을까?

'남의 장단에 춤추지 않는다'는 것이 사회와의 단절을 의미하는 것은 아니다. 사회적 관계 속에서도 자기 정체성을 잃지 않는 것이 중요하다. 반항이나 고집이 아니다. 이제까지 남들이 시도하지 않은 독창적인 무언가를 한다면 사람들에게 익숙하지 않은 것이기 때문에 당장의 좋은 반응을 기대하기는 힘들다. 하지만 여기서 멈추면 안 된다. 남들이 박수 치지 않는다고 해서 그만둔다면 진정한 예술이나 혁신이 아니다.

예술의 진정한 의미는 자신만의 독특한 시각과 내면의 목소리를 자유롭게 표현하는 것이다. 잭슨 폴록의 말처럼 '자기 자신을 발견하는 일'이다. 진정한 예술가는 대중의 취향이나 시대의 유행을 좇지 않는다. 내면의 소리에 귀 기울이고, 그것을 자신만의 방식으로 표현해낸다. 이것이 바로 '남의 장단에 춤추지 않는 것'의 본질이다.

결코 쉬운 일은 아니다. 우리는 태어나는 순간부터 수많은 사회적 규범과 기대 속에서 자란다. 학교에서는 남의 장단에 맞추라고 다그친다. 이것을 거부하면 열등생 취급을 받는다. 당신의 리듬은 누군가에게는 불협화음처럼 여겨질 수 있다. 하지만 모차르트도 처음에는 '너무 많은 음표를 쓴다'는 비판을 받았다. 오늘날 우리는 그의 불협화음 속에서 천재성을 발견한다. 인생은 자신만의 리듬을 찾아가는 여정 그 자체다. 그 여정이 어디로 이어질지는 아무도 모른다. 그러니 적어도 그 발걸음만큼은 당신의 것이어야 한다. 때로는 서툴고, 때로는 엉뚱하더라도, 그것이 당신의 춤이라면 그것으로 충분하다.

나만의 재미 레버리지를 발견하라

일이 재미있으면 인생은 축제가 된다.

로버트 타운센드

내가 성공할 수 있었던 것은
재미있는 일을 선택했기 때문이다.

워런 버핏

재미는 가장 좋은 선생님이다.

아리스토텔레스

모든 위대한 일은 재미로부터 시작된다.

랄프 왈도 에머슨

일에서 재미를 찾는 것은
결국 삶에서 재미를 찾는 것이다.

존 러스크

일의 진정한 재미는 나에게 도전을 주고,
나를 성장시킬 수 있다는 점에 있다.
그러한 도전과 성장이 있는 한
일은 단순히 해야 할 일이 아니라
내가 발전하는 과정이 된다.
로버트 그린

즐거움이 있는 곳에 성장이 있다.
왕양명

성공의 비결은 강한 의지와 끈기와 노력, 열정이라고들 하는데 나는 의지도 강하지 않고, 끈기도 없고 노력을 싫어하고 저질체력 탓에 열정도 없다. 그러면 나 같은 사람은 무엇을 해도 안되는 걸까? 그렇게 생각하지 않는다. 나는 '재미'라는 다른 길을 찾았다. 모든 일에는 숨은 재미가 있다. 그 재미를 찾아내는 순간 끈기도, 노력도, 열정도 저절로 따라온다.

올해로 책을 쓴 지 10년이 되었는데, 재미가 없었다면 이미 예전에 그만뒀을 것이다. 글을 쓰려면 엉덩이 싸움에 능해야 하고 인내심과 끈기가 필요하다고 한다. 하지만 나의 생각은 좀 다르다. 글쓰기는 게임만큼 흥미진진한 구석이 있다. 글쓰기가 연결되어 책 한 권이 탄생할 때의 희열은 게임을 클리어했을 때의 그것과 비교할 수 없을 정도로 크다.

글쓰기의 매력은 무한한 가능성에 있다. 생각을 자유롭게 표현할 수 있고, 편협한 시각에서 벗어나 세상을 조금 다른 관점에서 보면서 내 세계를 넓혀갈 수 있다는 사실이 강력한 성취감을 준다. 결국 중요한 건 강한 의지나 끈기가 아니라 그 안에서 발견하는 재미다. 재미는 모든 어려움을 이기는 최고의 동력이 된다.

재미는 뇌를 다르게 작동시킨다. 도파민을 분비하고, 자연스럽게 집중력과 기억력을 향상시킨다. 억지로 공부한 1시간보다 재미있게 공부한 10분이 더 효과적인 이유다. 나는 이것을 '재미 레버리지'라고 부른다. 작은 재미가 더 큰 성취로 이어지는 것. 지렛대가 작은 힘으로 큰 물체를 움직이듯이 작은 재미가 큰 변화를 만들어내는 것이다.

　실제로 많은 사람이 이 방법을 써왔다. 세계적인 프로그래머들은 코딩을 게임처럼 즐겼고, 유명한 작가들은 글쓰기를 모험처럼 여겼다. 재미있는 건 이런 접근법이 실제로 더 나은 결과를 만들어낸다는 것이다. 억지로 하는 일은 최소한의 결과만 만들어내지만 재미있게 하는 일은 기대 이상의 결과를 가져온다. 재미있으니까 더 깊이 파고들고, 더 많은 시도를 하며, 실패해도 다시 도전한다.

　물론 모든 일을 재미있게 할 수는 없다. 하지만 재미 요소를 찾아내는 것은 가능하다. 지루한 회계 업무도 엑셀 매크로를 만들며 자동화의 재미를 찾을 수 있고, 반복적인 일도 '더 효율적으로 하는 방법'을 찾는 재미를 발견할 수 있다. 여기서 중요한 것은 '나만의 재미'를 찾는 것이다. 남이 재미있다고 하는 것이 나에게는 전혀 재미없을 수 있다. 반대로 남들은 지루해하는 것에서 나는 무한한 재미를 찾을 수도 있다. 재미는 매우 개인적인 것이다. 그래서 더욱 소중하고 의미 있으며 강력한 동기가 된다. 내면에서 피어난 재미는 스스로 끈기와 열정이라는 날개를 달아준다.

　성공의 비결은 하나가 아니다. 끈기와 노력, 열정도 좋지만, 재미라는 다른 길도 있다. 어쩌면 이것이 더 지속 가능하고 행복한 성공의 길일지도 모른다. 재미를 찾는 과정도 재미다. 보물찾기를 하듯 일상에 숨겨진 재미를 찾아보라. 그리고 그 재미를 우주 끝까지 올려보라. 놀라운 변화가 시작될 것이다!

4장

시간이라는 선물을
잘 사용하는 법

존재의 화폐,
시간

하루를 유익하게 보낸 사람은
하루만큼의 보물을 발견한 것이다.

앙리 프레데릭 아미엘

시간을 잘 관리하는 사람은
결국 자신을 잘 관리하는 사람이다.
시간을 낭비하지 않는 삶이 가장 생산적인 삶이다.

알프레드 아들러

우리의 삶은 짧지 않다.
우리가 그것을 낭비하는 것일 뿐이다.

루키우스 안나이우스 세네카

삶의 본질을 찾아가려는 사람은 시간을 낭비하지 않는다.

헨리 데이비드 소로

너의 삶을 사랑하라.
그리고 그 삶을 살아가는 동안 더 이상 시간을 낭비하지 마라.
프리드리히 니체

은퇴 후 20년 이상을 살게 된 지금,
우리에겐 최소 10만 시간 이상이 주어졌고
이 시간은 무언가를 시작하고 이루기에 충분한 시간이다.
타샤 튜더

시간이란 인생의 동전이다. 그 동전을 어디에 쓸지는 오직 시간의 주인, 나 자신만이 결정할 수 있다. 그런데 내 동전을 뜻대로 쓰지 못하거나 다른 사람이 모조리 써버린다면 자신의 인생은 어떻게 되겠는가. 현대 사회는 시간, 즉 우리의 존재 그 자체를 끊임없이 갈취하려 한다. 스마트폰 화면 속 끝없는 스크롤의 유혹, 넷플릭스의 다음 에피소드 자동 재생, 소셜 미디어의 끊임없는 알림들. 이들은 현대판 세이렌의 노래처럼 유혹하고, 의지를 서서히 잠식해간다. 플라톤의 동굴의 비유처럼 이 가상의 그림자들에 매료되어 진정한 실재를 외면하고 있는 것은 아닐까?

　도파민의 폭포 속에서 뇌는 점점 더 강한 자극을 갈구한다. 자극의 순환 속에서 일상의 소소한 기쁨은 빛을 잃고, 감각은 무뎌진다. 이것은 시간의 낭비를 넘어 존재 자체를 위협한다. 우리가 모르는 사이에 게임이나 콘텐츠가 주는 강한 자극에 중독되어 시간 관리는커녕, 무기력하게 스마트폰만 쳐다보다가 하루가 다 간다. 이런 하루하루가 쌓인다면 일상적인 책임과 활동마저 소홀히 할 가능성이 커진다.

　뇌는 지속적인 학습과 도전을 통해 발전한다. 그러나 도파민 중독은 건강한 자극을 무의미하게 만든다. 책 한 페이지를 읽는 것도, 새로운 기술을 배우는 것도 흥미롭지 않게 느껴진다. 결과적으로 개인의 성장은 정체되고 잠재력은 발휘되지 못한 채 사라질 위험에 처한다.

　그렇다면 이러한 상황에서 어떻게 벗어날 수 있을까? 해답은 선택과 집중에 있다. 넷플릭스 시청률 1위를 기록한 10부작 드라마가 있다. 나는 그 드라마를 아직도 보지 않았다. 넷플릭스 계정이 없다. 마음만 먹으면 곧바로 가입을 하거나 가족 아이디를 빌려서 볼 수 있다. 그렇지만 보지 않았다. 그 선택은 오락의 거부가 아니다. 나의 시간, '나'라는 존재에 대한 주권을 되찾는 행위다.

성취란 무엇인가? 그것은 외적인 결과물이 아니라 자신의 본질을 찾아가는 여정이다. 우리는 끊임없이 자신과 세계와의 관계를 재정립해 나간다. 이 과정에서 나는 많은 것을 포기해왔다. 상실이라 부르기엔 너무나 아름다운 변화이며, 결핍이라 하기엔 너무나 풍요로운 자유의 확장이다.

시간 관리는 삶의 방향을 결정하는 철학적 선택의 문제다. 실제로 하나라도 몰입해서 성취를 경험해보았다면 알 것이다. 만 가지 일에 신경을 쓰는 것이 얼마나 집중을 방해하고 시간을 소모하는지. 본질에 집중하라. 그리고 그 집중을 유지하기 위해 만 가지 일을 쳐내라. 그것이 인생의 동전인 시간을 지켜내는 유일한 길이다.

어제는 역사고,
내일은 미스터리이며,
오늘은 선물이다

오늘이 우리의 유일한 현실이다.

헨리 데이비드 소로

인생은 축제와 같은 것.
하루하루를 일어나는 그대로 살아가라.
바람이 불 때 흩어지는 꽃잎을 줍는 아이들은
그 꽃잎을 모아둘 생각은 하지 않는다.
꽃잎을 줍는 순간을 즐기고
그에 만족할 뿐이다.

라이너 마리아 릴케

내일은 아무도 알 수 없다. 오늘 최선을 다해 살아라.

존 웨인

현재를 즐기지 못하는 사람은 어디서도 행복할 수 없다.

알베르트 아인슈타인

내일에 아무런 도움이 되지 않는다면
당신의 과거는 쫓아버려라.

윌리엄 오슬러

현재를 사랑하라. 그것이 인생이다.

레프 톨스토이

　　우리는 과거를 바꿀 수 없고 미래를 예측할 수 없다. 소유한
것은 현재일 뿐이다. 그러나 수많은 시간을 과거에 대한 후회
로, 미래에 대한 걱정으로 보낸다. 시간의 모래시계 속에서 아
슬아슬한 줄타기를 하는 것 같다. 한쪽에서는 과거의 후회가,
다른 한쪽에서는 미래의 불안이 우리를 끊임없이 흔들어댄
다. 그렇게 흔들리고 휘둘리며 현재를 오롯이 살지 못한다. 현
재라는 순간은 마치 존재하지 않는 것처럼 스쳐 지나간다.

과거의 실수를 곱씹으며 밤잠을 설치고 아직 오지 않은 미래의 시나리오를 상상하며 불안에 떠는 동안 정작 지금 이 순간의 소중함은 놓치고 있다. 손에서 모래가 빠져나가듯 현재의 순간들은 아무런 의미도 남기지 못한 채 흘러간다. 하지만 생각해보면 우리가 가진 것은 오직 '지금 이 순간'뿐이다. 숨을 쉬고, 느끼고, 생각하고, 행동할 수 있는 유일한 시간은 바로 지금이다. 현재야말로 인간이 가진 유일한 실재하는 시간이다.

과거나 미래에 대한 지나친 생각은 현재의 행동과 판단을 방해한다. 과거의 이별을 극복하지 못하고 새로운 관계를 시작하기 어려워하거나 실패 경험 때문에 새로운 도전을 꺼린다면 현재를 놓치고 기회를 잃는다.

지나친 건강 염려증으로 질병에 걸릴까봐 불안해서 스트레스를 받는다면 정원에 잡초가 무성하게 자라도록 내버려두는 것과 같다. 잡초에 시선이 쏠려 정작 현재라는 아름다운 꽃을 가꾸지 못한다. 내가 현재 소유할 수 있고 컨트롤 할 수 있는 시간은 현재뿐이다.

시간 관리의 핵심은 '지금 이 순간'에 있다. 과거나 미래에 있는 것이 아니다. 우리에게 주어진 24시간을 어떻게 쓸 것인가는 전적으로 현재의 선택에 달려 있다. 현재를 살아가는 것은 과거를 후회하거나 미래를 걱정하는 것보다 훨씬 더 중요한 일이다. 과거는 이미 지나간 기차이고 미래는 아직 도착하지 않은 역이다.

아침에 눈을 떴을 때 어제의 후회나 오늘의 걱정으로 시작하는 대신 지금 이 순간에 집중해보자. 차 한 잔을 마신다면 그 향에 집중하고, 운동을 한다면 호흡과 움직임에 집중하자. 이런 작은 순간들이 모여 현재에 충실한 하루를 만들고 그 하루가 모여 충실한 인생이 된다.

프리드리히 니체는 '영원회귀'를 통해 현재의 무게를 일깨웠다. 지금 이 순간이 끝없이 반복된다고 생각해보라. 그때 비로소 현재라는 시간의 진정한 가치를 깨닫게 된다. 시간 관리란 결국 하루하루를 후회 없이 살아가는 것. 영원히 반복되어도 기꺼이 받아들일 수 있을 만큼 현재에 충실한 것이다.

파도를 거스르려 하기보다 파도의 흐름을 이해하고 그에 맞춰 항해하는 것이 지혜인 것처럼, 시간도 마찬가지다. 통제할 수 없는 과거와 미래에 매몰되기보다 지금 이 순간 우리가 진정으로 존재하는 현재에 충실한 것. 그것이 바로 시간이라는 악보 위에 저마다의 음표를 새기며 살아가는 인간 본연의 모습이다.

시간이라는 빈 페이지를 어떻게 채울 것인가

시간은 당신이 가진 가장 소중한 자원이다.
왜냐하면 그것은 대체할 수 없기 때문이다.

스티브 잡스

자신을 발견하는 것은 인생의 가장 큰 모험이다.

에리히 프롬

당신의 시간과 에너지는 한정되어 있다.
그러니 그것을 낭비하며 다른 사람의 인생을 살지 말라.

데이비드 보위

당신의 인생은 당신이 한 선택의 결과다.
미래를 기다리지 말고 미래를 만들어가라.

스티븐 코비

삶의 목적은 자기 발견이다.
우리는 자신의 본질을 찾기 위해 이 세상에 왔다.
오스카 와일드

인생은 흘러가는 것이 아니라 성실하게 채워가는 것이다.
하루하루를 흘려보내는 것이 아니라
하루하루를 나의 것들로 채워가는 것이다.
존 러스킨

매일 새로운 생명이 지구에 도착한다. 대한민국에서만 하루에 약 1,000명의 아기가 태어나 자신만의 독특한 자아를 발견하고 탐색하며 완성해 나갈 여정을 시작한다. 이는 모두가 받은 가장 소중한 선물, 바로 시간과 함께 시작하는 여정이다.

어느 여름, 나 역시 지구에 도착했다. 그 이후로 몇십 년 동안 끊임없이 자아를 찾는 퍼즐을 맞추고 있다. 처음에는 걷지도, 말하지도 못했고, 단단한 음식을 씹을 수조차 없었다. 그러나 시간이 흐르면서 조금씩 성장하고 변화했다.

나의 변화가 고스란히 기록되어 있는 유튜브 채널을 살펴보면 웃음이 난다. 처음 제작한 영상을 보면 손발이 오그라들지만 지우지 않았다. 초심이 그대로 드러나 있기 때문이다. 어색하고 서툰 모습이었지만 그 도전 덕택에 유튜브라는 새로운 소통 채널에 안착할 수 있었다.

삶은 끊임없는 도전의 연속이다. 학업을 마치고 내 몸 하나를 온전히 책임지는 어른이 되기까지 그리고 직업을 통해 사회에 자리 잡기까지, 수많은 시행착오와 고군분투의 시간을 겪는다. 마흔이 되었다고, 또는 쉰이나 칠순이 되었다고 해서 이 여정이 끝나는 것은 아니다.

나이가 들수록 자아를 찾는 퍼즐 맞추기는 더욱 중요해진다. 현실에 안주하고 도전을 멈춘다면, 그토록 싫어하는 꼰대가 되어버릴 위험이 있다. 시간이라는 선물을 제대로 활용하지 못하고 발전을 멈추는 순간, 진정한 의미의 삶을 잃어버리게 된다. 손 안에 쥐고 있는 걸 하나라도 빼앗기기 싫어서 집착하고 사회의 변화를 거부하는 관습적인 삶은 아름답지 않다.

시간은 매일 새로운 기회를 제공한다. 진정한 의미의 삶을 살고 있는지 확신이 들지 않을 때는 예술을 배워보기를 권하고 싶다. 예술의 어떤 영역이든 상관없다. 악기 연주, 그림 그리기, 조각하기, 시나 에세이 쓰기, 춤추기 등 창의적인 활동에 집중한다면 표면적으로 보이는 큰 성과는 없어 보일지라도 인생에서 가장 중요한 것을 건져 올릴 수 있다. 바로 내가 누구인지 알 수 있다는 것이다. 펜이나 붓, 건반 위에서 진정한 자아를 만난다. 예술적 창조활동에는 정답이 없기 때문에 자신을 자유롭게 표현할 수 있다. 이러한 표현 과정에서 자신을 더 깊이 탐구하게 된다. 하지만 여기에는 시간이 필요하다. 시간 없이는 우리는 아무것도 할 수 없다.

사람들은 시간의 소중함을 잊고 살아가기도 한다. 하루하루가 비슷하게 반복되는 것 같아 지루하다고 느낄 때도 있다. 그러나 시간은 멈추지 않고 흘러간다. 자아를 찾는 여정은 쉽지 않다. 때로는 좌절하고, 때로는 실패할 수도 있다. 그러나 이러한 과정 모두가 성장을 향한 소중한 경험이 된다. 시간이 흐르면서 조금씩 더 나은 단계의 자신을 발견하는 기쁨을 누릴 수 있다. 이것은 살아 있는 인간만이 가지는 행운이다.

우리가 시간을 어떻게 사용하느냐에 따라 자아를 찾을 수도 있고, 평생 남의 꼭두각시로 살 수도 있다. 자아를 찾는 여정과 시간이 밀접하게 연관되어 있는 이유다. 시간은 매일 우리가 자아라는 모자이크를 완성하기 위해 주어진 한정된 자원이다. 낭비하거나 잘못 사용한다면 턱없이 부족하기만 할 것이다. 하지만 그것을 깨닫고 지혜롭고 가치 있게 쓴다면 소중한 선물이 될 것이다.

시간의 강물은 끊임없이 흐르고, 우리는 그 위에 떠 있는 나뭇잎과 같다. 하이데거가 말했듯 "우리는 시간 속에 던져진 존재"이다. 그러나 우리는 그저 흘러가는 존재가 아니라 자신만의 고유한 항로를 만들어가는 항해자이기도 하다. 매 순간 자아라는 모자이크의 한 조각을 만들고 있다. 이 모자이크는 완성되는 순간까지 그 전체 모습을 알 수 없는 살아서 움직이는 예술 작품이다.

삶은 한 편의 서사시다. 매일이 새로운 장(章)이며, 우리는 그 이야기의 주인공이자 작가다. 시간은 인간에게 주어진 빈 페이지이고, 우리의 선택과 행동은 그 위에 새겨지는 글자다.

때로는 지우고 다시 쓰기도 하지만 그 모든 과정이 우리를 더 풍성하고 깊이 있는 존재로 만든다. 자아는 정체된 존재가 아니라 끊임없이 변화하고 발전하는 유동적인 존재이다. 시간이라는 선물은 이 과정을 가능케 하는 매개이다. 우리는 시간이란 화폭 위에 저마다의 이야기를 그려가는 예술가다. 그 서사의 깊이는 당신의 선택이 결정한다.

하기 싫은 일을
먼저 해치워라

어려운 일을 먼저 해라. 그러면 쉬운 일은 해결될 것이다.

마크 트웨인

미루는 것은 쉬운 일을 어렵게 만들고,
어려운 일을 더 어렵게 만든다.

메이슨 쿨리

오늘 할 수 있는 일을 내일로 미루지 마라.

토머스 제퍼슨

미루는 습관은 시간의 도둑이다.

에드워드 영

일을 미루는 것은 미래의 자신에게 부담을 주는 것이다.

찰스 디킨스

성공한 사람들의 공통점은
결정과 실행 사이의 간격을 아주 좁게 유지한다는 것이다.
미룬 일은 포기해버린 일이나 마찬가지다.

피터 드러커

매일 시간의 무게에 짓눌려 살아가는 우리를 홀가분하게 만들어줄 해답이 있다. 가장 하기 싫은 일을 가장 먼저 마주하는 것. 이 작은 실천이 하루를 자유롭게 만드는 열쇠가 될 것이다. 의지력은 근육과 같아서 하루 동안 사용하면 점차 고갈된다. 플로리다 주립대학의 로이 바우마이스터 교수팀이 제시한 '자아 고갈' 이론의 핵심이다. 하루가 끝나갈수록 어려운 결정을 내리거나 힘든 일을 처리하기가 더 어려워진다는 것인데, 우리가 하기 싫은 일을 왜 오전에 처리해야 하는지를 이해하기 쉽게 설명해준다.

하루를 길고 생산적으로 보내는 가장 좋은 방법은 아침에 일어나자마자 가장 하기 싫은 일부터 처리하는 것이다. 이렇게 하면 나머지 일들은 상대적으로 가볍게 느껴져 쉽게 해낸다. 반면 하기 싫은 일을 미루면 어떻게 될까? 하루 종일 그 일에 대한 부담감으로 마음이 무겁다. 다른 일을 하면서도 계속해서 미뤄둔 일이 신경 쓰여 집중력이 떨어지고 전반적으로 생산성이 낮아진다. 문제는 미뤄둔 일들에 시간의 무게까지 더해져 우리의 어깨를 짓누른다는 것이다. 처음에는 작은 일이었던 것이 시간이 지날수록 커다란 산처럼 느껴진다. 미루고 미루다 마침내 그 일을 하려고 할 때는 이미 심리적으로 많은 에너지를 소진한 상태가 되어 더욱 힘들고, 효율성도 떨어진다.

스탠포드 대학의 신경과학자들이 진행한 연구에 따르면, 인간의 뇌는 단기적인 이익을 추구하는 것이 생존에 유리하다는 경험에 비춰서 즉각적인 보상을 선호하는 경향으로 진화했다고 한다. 그런데 현대 사회에서 접어들면서 이러한 경향은 차일피일 일을 미루는 것으로 이어지고 있다. 연구진은 fMRI를 통해 피험자들의 뇌 활동을 관찰했는데, 하기 싫은 일을 미룰 때 뇌의 편도체(감정을 담당하는 부위)가 활성화되는 것을 발견했다. 이는 우리가 불편한 감정을 피하기 위해 일을 미룬다는 것을 과학적으로 입증한 것이다.

반면 하기 싫은 일을 먼저 해치우면 어떤 일이 일어날까? 하버드 비즈니스 스쿨의 테레사 아마빌레 교수팀은 직장인들의 일상을 추적하며 생산성과 만족도에 대해 연구했다. 그 결과, 하루를 시작할 때 가장 어렵거나 중요한 일을 처리한 사람들이 하루 전체의 생산성이 28% 더 높았고, 직무 만족도도 31% 더 높았다.

매일 아침, 우리의 책상 위에는 보이지 않는 두 개의 버튼이 있다. 하나는 '미루기', 다른 하나는 '지금 해치우기'. 어떤 버튼을 누르느냐에 따라 당신의 하루, 나아가 인생이 완전히 달라질 수 있다. 오늘, 어떤 버튼을 누르겠는가? 선택은 우리의 몫이다. 그 작은 버튼 하나가 우리를 완전히 다른 세계로 데려갈 것이다.

변화는 변수가 아닌 상수다

세상은 끊임없이 움직인다.
정지해 있는 것은 죽음뿐이다.

볼테르

겨울이 지나 여름이 되었는데도
앙상한 가지만을 고수하는 나무는 이미 죽은 나무임이 틀림없다.
변화에 적응해 살아남으려면
먼저 고정관념을 버려야 한다.

이드리스 샤흐

끊임없이 배우는 자는 살아남을 뿐만 아니라 번영한다.

알베르트 아인슈타인

변화는 인생의 유일한 상수이다.

허먼 멜빌

변화는 자기 발전의 핵심이다.

웨인 W. 다이어

변화는 삶의 법칙이다.
과거와 현재만을 바라보는 사람은 미래를 놓칠 것이다.

존 F. 케네디

북송 시대, 한 소년이 반딧불을 모아 책을 읽고 있었다. 그의 이름은 주돈이(周敦頤). 등불조차 살 수 없는 가난한 형편에도 그는 자신의 처지를 한탄하지 않았다. 오히려 반딧불이 만드는 희미한 불빛에서 세상의 이치를 발견했다. 반딧불이 모였다 흩어지기를 반복하는 모습에서 모든 존재가 끊임없이 변화한다는 진리를 깨달았다.

어머니는 생계와 아들의 공부를 위해 밤늦게까지 베를 짰다. 어두운 방에서 들리는 베틀 소리는 주돈이에게 깊은 울림을 주었다. 베틀에서 실이 교차하며 천으로 변화하는 과정은 우주의 운행 원리를 가르쳐주는 스승이었다.

연꽃은 주돈이의 가장 큰 스승이었다. 진흙 속에서도 더럽혀지지 않고, 물결 속에서도 흔들리지 않는 연꽃의 자태는 그에게 깊은 통찰을 주었고 그는 연꽃에 대한 예찬을 담은 〈애련설〉을 썼다. 환경이 운명이 될 수 없고 끊임없는 변화를 통해 인간은 자신의 본질을 실현해낸다는 내용이었다. 그에게 변화는 혼돈이나 불안의 원천이 아닌 생명과 창조의 근원이었다.

주돈이는 평생 배움에 대한 열정을 불태웠다. 60대가 되어서도 매일 새로운 것을 배우며 제자들에게 "나는 오늘도 어제의 나와 다르다"라고 말하곤 했다. 그에게 배움은 단순한 지식의 축적이 아닌 끊임없는 자기 변화의 과정이었다.

제자들을 가르칠 때도 일방적인 전달을 거부했다. "스승도 제자에게서 배워야 한다"고 주장했다. 주돈이는 당시 유행하던 불교와 도교의 영향 속에서도 독자적인 길을 걸었다. 이런 태도는 훗날 정이, 정호 형제를 거쳐 주희에게 이어져 성리학의 새로운 전통을 만들었다. 그가 우주의 본질이 바로 '변화'라고 말한 '태극도설'은 동아시아 철학사에 우주와 인간을 이해하는 새로운 패러다임을 제시했다. 변화를 우주의 본질로 보는 관점은 변화는 더 이상 극복해야 할 대상이 아닌 삶의 필연적인 과정이자 기회로 받아들여졌다.

"군자는 때를 기다리지 않고 스스로를 길러야 한다"는 주돈이의 말에는 변화가 우리 삶의 변수가 아닌 상수이며, 이것을 받아들이고 주도적으로 대처할 때 진정한 성장을 이룰 수 있다는 의미가 있다.

시간은 쉬지 않고 흐른다. 시간이 멈춘 적은 단 한 번도 없었다. 지구는 자전과 공전을 계속하고, 겨울이 가면 봄이 온다. 사계절이 뚜렷하지 않은 곳도 건기가 지나가면 우기가 온다. 아이는 어른이 되고 어른은 노인이 된다. 영원한 삶은 없다. 자연도 인간도 매일 변화하고 있다. 삶이 곤궁하다고 상심 말고 성공했다고 자만하지 말라. 만물은 끊임없이 변화하고 영속성이 없다. 영원한 행복도 없고, 극복할 수 없는 불행도 없다.

'언젠가'라는 말로
스스로를 속이지 말라

오늘이라는 날은 두 번 다시 오지 않는다는 것을 잊지 말아라.

단테 알리기에리

우리는 기회를 자주 놓친다.
그 이유는 우리가 항상 미래를 바라보며 살아가기 때문이다.
모든 건 이 순간에 있다. 이 순간을 붙잡아라.

에크하르트 톨레

밀물과 썰물의 때는 아무도 기다려주지 않는다.

제프리 초서

일은 미룰 수 있지만 시간은 미룰 수 없다.

벤저민 프랭클린

지금이 아니면 언제 하겠는가?

호라티우스

오늘은 어제의 결과이고, 내일은 오늘의 선택이다.
오늘이 바로 당신의 인생을 결정짓는 순간이다.
시드니 해리스

기회는 새처럼 날아간다. 잡지 않으면 영원히 사라진다.
공자

할머니가 만든 고추장은 정말 맛있었다. 먹어보는 사람마다 충격을 받을 정도로 차원이 다른 맛이었다. 손수 정성으로 빚은 고추장을 먹다가 시중에서 파는 고추장을 맛보니 할머니가 만든 진짜 고추장의 참맛이 그리워지곤 했다. 나는 언젠가는 할머니에게 고추장 담그는 법을 배우려고 했다. 하지만 갑자기 노환이 심해져 작년에 돌아가셨다. 이제 나는 영원히 할머니의 고추장을 먹지 못하게 되었다.

시간은 개인의 사정을 봐주지 않는다. 잠시도 멈추지 않고 고고하게 흐를 뿐이다. 무엇을 하든 시간은 계속해서 흘러가기 때문에 하고 싶은 일이나 이루고 싶은 것이 있다면 지금 당장 행동해야 한다. 완벽한 준비나 완벽한 때를 기다리다 보면 시기 자체를 놓칠 수 있다. 시간이 흘러가는 것과 마찬가지로 인생에서 주어지는 많은 기회도 영원히 지속되지 않는다. '언젠가' 또는 '나중에'를 기다리다 보면, 그 기회는 사라지고 없다.

20대 초반의 청년들은 "아직 젊으니까"라는 말로 자신을 위로하며 도전을 미룬다. 30대가 되면 "이제 너무 늦었어"라며 포기한다. 결국 아무것도 시작하지 못한 채 후회만 남는다.

한 40대 직장인은 이런 고백을 했다.

"20대 때 창업을 하고 싶었지만 경험을 더 쌓아야 한다고 생각했어요. 30대 초반에는 결혼과 육아로 바빴고, 30대 후반에는 안정적인 직장을 포기할 수 없었죠. 이제는 나이가 많아 도전하기가 두렵습니다."

사람은 '언젠가'라는 말로 쉽게 자신을 속인다. 시간은 누구에게나 공평하지만 결코 사람을 기다려주지는 않는다. "같은 강물에 두 번 발을 담글 수 없다"라는 말이 있다. 강물은 계속 흘러가기에 이전의 그 물이 아니듯 시간도 한번 지나가면 다시는 돌아오지 않는다는 의미다. 인생은 기다리는 자에게는 너무 짧고, 행동하는 자에게는 충분히 길다. 다시는 되돌아오지 않는 것이 시간이라면, 흐르는 시간을 붙잡는 방법은 단 하나다. 시간보다 먼저 행동해서 시간이 나를 쫓아오게 만들면 된다.

시간보다 먼저 행동한다는 의미는 기회가 오기를 수동적으로 기다리는 것이 아니라 적극적으로 기회를 만들어간다는 뜻이다. 시간보다 먼저 움직일 때 시간은 우리의 발걸음을 따라오게 된다. 시간보다 먼저 행동하는 사람은 준비되어 있다. 그들에게 기회는 우연이 아닌 필연이 된다. 운이 좋아서가 아니라 미리 준비했기 때문에 기회를 잡을 수 있다.

불교의 '무상관(無常觀)'에서는 모든 것이 변화하고 흘러간다고 한다. 지금 이 순간도 이미 지나가고 있으며, 붙잡으려 해도 붙잡을 수 없는 것이 시간의 본질이다. 그래서 석가모니는 "지금 이 순간에 충실하라"고 가르쳤다.

영원할 것만 같았던 할머니의 손맛도 시간 앞에서는 멈춰 설 수밖에 없었다. "할머니의 고추장이 세상에서 제일 맛있어요"라는 말을 왜 그때는 할머니께 하지 못했을까. 당연히 곁에 계실 거라 생각했던 나의 믿음이 이제는 아픈 그리움으로 남았다. 당연한 것은 없었다. 언젠가로 미뤄온 '할머니와 고추장 담그기'는 나를 기다려주지 않았다.

시간은
본질만을 비출 뿐이다

삶은 조각들의 연속이다.
각각의 순간이 다음 순간을 만들어낸다.

헨리 데이비드 소로

시간은 물처럼 흐르고 행동은 산처럼 쌓인다.

주자

삶에서 가장 중요한 것은 우리가 걸어온 길이다.
시간이 지나면서 그 길에 쌓인 경험들이
우리의 인생을 정의한다.

로버트 프로스트

현재라는 점들이 모여 영원이라는 선을 만든다.

플라톤

삶은 연속된 선택의 총합이다.

알베르 카뮈

현재는 과거의 결과이며, 미래의 원인이다.

고트프리트 라이프니츠

모든 경험은 우리에게 무언가를 가르쳐준다.
그 경험들을 통해 우리는 자신을 발견하고,
우리 인생을 어떻게 살아갈지에 대한 중요한 통찰을 얻는다.

그레첸 루빈

시간은 단독으로 존재하지 않는다. 시간은 연속된 도미노처럼 하나가 다음으로 이어지며, 삶은 그렇게 쌓인 도미노들이 만들어낸 하나의 그림이다. 시간은 단절된 점들의 모음이 아니라 서로 긴밀하게 연결되어 하나의 큰 그림을 만들어가는 과정이다. 각각의 순간들은 마치 도미노처럼 서로에게 영향을 미치며 하나의 완성된 모습으로 이어진다. 시간은 거울과 같다. 시간은 인간을 변화시키지 않는다. 그 사람이 누구인지를 더욱 분명하게 보여줄 뿐이다. 시간이 흐르면 흐를수록 내 안의 본질을 겉으로 선명하게 드러나게 한다.

지난 10년 동안 무엇을 했는가? 10년의 시간은 곧 나 자신이다. 마음이 흐르지 않는 곳에 시간의 물줄기도 멈춘다. 10년이란 세월의 흔적은 한 사람의 진짜 모습을 고스란히 담아낸 초상화와 같다. 우리는 때때로 "시간이 지나면 달라질 거야"라고 말한다. 시간이 흘러가는 동안 무엇으로 삶을 채웠는지가 중요하다. 시간이 지난 후에는 그동안 빚어낸 본질만 선명하게 드러난다. 와인이 시간이 지날수록 본연의 맛이 깊어지는 것처럼 세월은 한 인간의 진짜 얼굴을 수면 위로 떠오르게 한다.

강의 상류에서 보는 물줄기와 하류에서 보는 물줄기는 겉모습이 다르지만 그 본질은 하나다. 파블로 피카소의 작품 세계 또한 흐르는 강과 같다. 초기 작품과 말년의 작품이 전혀 달라 보이지만 그 속에 흐르는 예술혼과 세계관은 변함이 없다. 다만 시간이 흐르면서 그 본질이 더욱 단순하고 순수한 형태로 드러났을 뿐이다. 마치 오랜 시간 흐르며 자신만의 결을 만들어가는 강물처럼 피카소의 예술도 시간 흐르면서 본연의 모습을 선명하게 드러냈다.

결혼 생활도 마찬가지다. 30년 차 부부 상담사는 이런 말을 했다.

"신혼부부들은 '시간이 지나면 서로 맞춰질 거야'라고 말합니다. 하지만 실제로 시간이 지나면 각자의 본모습이 더욱 강하게 드러나죠. 성격 차이는 줄어들지 않습니다. 다만 그 차이를 인정하고 받아들이느냐 마느냐가 관건이 되는 것이죠."

우리에게는 매일 새롭게 펼쳐지는 하루가 있다. 이 하루는 인생이라는 그림의 도미노 한 조각이다. 도미노 한 조각은 비록 작을지라도 다음 도미노 조각을 쓰러트리는 힘이 있다. 다음 도미노 조각은 또 다음 도미노를 쓰러트린다. 이것이 시간의 본질이다. 그렇게 쌓인 시간은 우리가 누구인지를 여실히 보여준다. 하루하루의 선택과 행동이 모여 '나'라는 인간의 정체성을 만들어간다. 벽돌 하나하나가 모여 거대한 건물을 이루듯이 순간들이 모여 삶이라는 건축물을 완성한다. 나태함을 선택한 하루는 다음 날의 의욕을 떨어뜨린다. 무심히 지나친 순간들은 마음 사이에 벽돌을 쌓아가고, 미뤄둔 일들은 눈덩이처럼 불어나 어깨를 짓누른다.

한 조각의 도미노가 쓰러지면서 만들어내는 연쇄 작용처럼 삶을 이끌어간다. 시간이란 단절된 점들의 나열이 아니라 서로 긴밀하게 연결된 흐름이다. 오늘의 나는 어제의 선택이 만들어냈고, 내일의 나는 오늘의 결정으로 만들어질 것이다. 도미노 조각 하나가 전체 그림에 영향을 미치듯 하루하루의 선택이 인생의 전체 모습을 드러낸다.

몰입한 순간은
선명한 빛깔로 남는다

지루함은 영혼을 녹인다.

도로시 파커

마음이 즐거워야 길이 열린다.

왕양명

단순한 성실함은 어리석음의 다른 이름일 수 있다.

마크 트웨인

하기 싫은 일을 하며 보내는 하루는 인생에서 빼앗긴 하루다.

칼 샌드버그

성실함이 혁신을 죽일 때도 있다.

세스 고딘

성실하게 잘못된 방향으로 가는 것보다,
게으르더라도 올바른 방향으로 가는 것이 낫다.
피터 틸

　나는 지루하고 힘든 일은 견디지 못하는 편이다. 어른이 되기 전에는 이런 내가 이상하다고 생각했다. 하지만 나이를 먹어가면서 지루하고 힘든 일을 견디지 못하는 것은 오히려 장점이 되었다. 어린 시절부터 성실함을 강요당하고, 하기 싫은 일도 참고 견디는 것을 미덕으로 아는 우리 사회 정서에는 맞지 않는 이야기라고 생각할 수도 있다. 내가 힘들고 지루한 일을 견디지 못하는 데서 발견한 장점은 다음과 같다.

　첫째, 효율적인 방법을 찾아내는 능력이 발달한다. 지루한 것을 참지 못하기 때문에 자연스럽게 더 나은 방법을 고민하게 된다. 반복적인 데이터 입력 작업이 있다면, 자동화 프로그램을 찾아보거나 개발하려고 노력한다. 이것은 업무 혁신으로 이어진다. 빌 게이츠는 일부러 게으른 사람을 찾아내서 고용하려 했다. 게으른 사람이야말로 업무를 어떻게 효율적으로 처리하는지 가장 잘 알고 있다는 논리였다.

둘째, 불필요한 일을 걸러내는 안목이 생긴다. 모든 일을 성실하게 하려고 하다 보면 정작 중요한 일에 시간과 에너지를 쓰지 못하는 경우가 많다. 하지만 지루함을 견디지 못하는 사람은 자연스럽게 우선순위를 따져서 꼭 필요한 일에만 집중하게 된다. 나는 일찌감치 살림에 재능도, 보람이 없다는 걸 깨닫고 할 수 있는 만큼만 한다. 영화를 보러가서 지루하면 자리를 박차고 나와버린다. 티켓 값보다 시간이 더 소중하다.

셋째, 창의적인 문제 해결 능력이 향상된다. 기존의 방식을 그대로 따르는 것이 힘들고 지루하게 느껴지기 때문에 새로운 방법을 찾으려 노력한다. 이런 성향은 특히 빠르게 변화하는 현대 사회에서 큰 장점이 된다. 또, 대세에 따르려 하지 않고 항상 질문하는 습관이 있다. 그에 대한 대답을 찾으면서 새롭게 시야를 확장하고 전혀 해보지 않았던 일을 시도한다. 이런 사람은 사회가 아무리 빨리 변화해도 적응하고 살아남는 데 유리하다.

넷째, 자신에게 맞는 일을 찾게 된다. 모든 일을 참고 견디는 사람은 자신에게 맞지 않는 일을 계속하다가 번 아웃에 이른다. 반면 지루함을 견디지 못하는 사람은 일찍이 자신에게 맞는 일을 찾아 전환하는 걸 두렵게 여기지 않는다.

나는 일본어학을 전공했다. 내가 선택한 학문임에도 불구하고 대학교 4년 내내 너무 지루해서 직업은 외국어 공부를 계속해야 하는 직종은 피하기로 했다. 그래서 입사할 때는 전공과 상관없는 기획업무에 지원했는데, 이것도 큰 조직 안에서 하는 일이라 스스로 결정하거나 창의력을 발휘해야 하는 부분은 극히 작았다. 아무리 애를 써도 사업 방향이 바뀌면 그대로 폐기되는 일이 잦아지다 보니 회사생활이 의미가 없어졌다.

20대 내내 방황을 한 끝에 책을 읽는 데 소질이 있다는 걸 알게 되었다. 독서는 전혀 지루하지 않고 미치도록 흥미로웠다. 한 번 사는 인생 재미있는 걸로 채우기로 결심했다. 물론 이런 결심에는 엄청난 대가가 따르긴 했다. 몇 년 동안 생활고로 죽을 고생을 했지만 그때의 선택을 후회하지는 않는다. 독서가 너무 재미있어서 독서만 하면서 먹고사는 길을 끊임없이 모색한 결과 지금에 이르렀다. 인간의 하루는 아무리 애를 써도 24시간이다. 싫은 일을 해도 24시간이고, 미치도록 재미있는 일을 해도 24시간이다. 무의미하게 흘려보낸 시간은 흑백의 일상으로 기억되지만 내가 몰입한 순간들은 선명한 빛깔로 남는다.

시간을
'소일'하는 데 사용하지 말라

삶의 가치는 시간의 양이 아닌 사용에 있다.

미셸 드 몽테뉴

지금이야말로 일할 때다. 지금이야말로 싸울 때다.
지금이야말로 나를 더 훌륭한 사람으로 만들 때다.
오늘 그것에 주저한다면 내일은 할 수 있겠는가?

토마스 아 켐피스

오늘이라는 것이 우리의 가장 중요한 소유물이다.
우리가 다시는 지닐 수 없는 한때이기 때문이다.

앤드루 카네기

시간은 인생의 재료다.

존 로크

오늘을 붙들어라. 내일에 의지하지 말라.
오늘이 1년 중에서 최선의 날이다.

랄프 왈도 에머슨

하루를 헛되이 보내는 것은
곧 일생을 헛되이 보내는 것과 같다.

장자

피곤하다는 핑계로 소파에 누워서 TV 채널을 이리저리 돌리면 시간은 잘도 간다. 아무 계획 없이 쇼핑몰을 한 바퀴 돌아도 소일거리로는 딱이다. 남 이야기를 하면서 세월 가는 줄도 모른다. 하루가 모여 한 달이 되고 한 달이 모여 1년이 되며 그렇게 인생이 만들어진다. 소일하며 보낸 하루는 다시 돌아오지 않는다.

현인들은 시간을 생명과 동일시했다. 시간을 헛되이 보내는 것은 곧 생명을 낭비하는 것과 같다고 보았다. 다산 정약용은 《목민심서》에서 "하루의 시간은 한정되어 있으니, 쓸데없는 일로 소일하지 말라"고 강조했다. 여기서 소일(消日)이란 단순히 시간을 보내는 것이 아니라 의미 없이 시간을 죽이는 행위를 말한다. 여가나 휴식과는 다른 개념이다. 소일은 에너지를 재충전하기 위한 행위가 아니라 무의미하게 시간을 흘려보내는 행위를 의미한다.

소일하는 것은 마치 보석을 흙 속에 파묻는 것과 같다. 귀중함을 알지 못해 헛되이 버리는 꼴이다. 같은 하루 24시간이라도 어떻게 쓰느냐에 따라 그 빛이 달라진다. 소일거리로 시간이 빨리 간다면 지루할 틈은 없겠지만 내면의 공허함은 채우지 못한다. 잠시나마 위안이나 즐거움을 얻는 듯하지만 결국 아무런 성취감도 남지 않는다. 중요한 일을 미루거나 의미 있는 활동에 집중할 기회를 잃게 만든다.

원인은 삶의 목표나 방향이 불분명하다는 데 있다. 시간의 가치를 몰랐던 20대 시절의 나를 생각하면 아쉬움이 밀려온다. 그때는 뭘 해도 시간이 더디게 가고 심심했다. 친구를 불러내서 카페에서 하루 종일 수다를 떨고 해가 지면 술을 마시러 갔다. 무엇을 해야 할지 모르는 상태에서 당장의 즐거움과 오락을 찾으며 의미 없는 시간을 보냈다. 마음 편하게 놀지도 못했고, 무언가를 집중해서 해낸 것도 없었다.

그때의 나는 시간을 보내기 위해 살았지, 시간을 의미 있게 쓰려고 노력하지 않았다. 지금 생각해보면 그 시절의 공허함은 방향과 가치의 부재에서 왔다. 무엇이 되고 싶은지, 어떤 삶을 살고 싶은지에 대한 깊은 고민 없이 그저 하루하루를 버티듯 보냈다. 쉽게 찾을 수 있는 즐거움은 마치 인스턴트 음식과 같았다. 순간의 허기는 채웠지만 영양가는 형편없었다. 카페에서의 수다, 술자리에서의 웃음소리는 잠시 외로움을 잊게 해주었을 뿐 내면의 공허함을 채우지는 못했다.

지금 돌아보면 그 시간들이 완전히 낭비된 것만은 아니다. 그 방황의 시간이 있었기에 지금의 내가 있다. 좀 더 일찍 나만의 방향을 찾았더라면 훨씬 의미 있게 시간을 채웠을 것이다. 삶의 목표가 분명해진 이후로 시간은 더 이상 죽여야 할 대상이 아닌 소중히 투자해야 할 자산이 되었다. 이제는 안다. 진정한 즐거움은 의미 있는 목표를 향해 한 걸음씩 나아갈 때 온다는 것을.

소일하지 않는 삶은 깨어 있는 의식으로 순간을 맞이하는 것이다. 불교에서 말하는 정념(正念)처럼 현재에 온전히 머무르며 그 순간의 깊이를 가늠하는 것은 시간을 단순히 보내는 것이 아니라 시간과 함께 호흡하며 살아가는 것이다.

5장

감정을
성숙하게 다스리는 법

스스로 자신을 채우는 힘, 고독의 능력

산꼭대기에 오르려면 반드시 홀로 걸어야 한다.

프리드리히 니체

고독은 재능이자 위대함의 신호이다.

에밀리 디킨슨

마음을 정화하는 유일한 길은
고독 속에서 생각하는 것이다.

플라톤

고독은 강한 사람들의 즐거움이다.

지그문트 프로이트

위대한 사람은 독수리와 같아서 높고 고독한 곳에 둥지를 튼다.

아르투어 쇼펜하우어

혼자 있는 것을 참을 수 없다면
우리가 태어나서 죽을 때까지
늘 함께하는 유일한 동반자인
자기 자신의 가치를 모른다는 것을 의미한다.

에다 르샨

사람은 필연적으로 고독을 느낀다. 성장하려면 고독의 시간이 절대적으로 필요하고, 성숙하려면 이 고독의 시간을 현명하게 보내야 한다.

외롭다고 아무나 만난다면 인생의 풍파는 끝이 없을 것이다. 만나는 사람이 내 인생을 만들어주기 때문이다. 혼자 있는 시간이 생긴다는 것은 축복이다. 고독은 내면을 오롯이 마주할 수 있는 일생일대의 기회이다. 이 기회는 자주 오지 않는다.

물론 고독이 항상 쉬운 것은 아니다. 특히 10대와 20대에는 또래 집단에 속하지 못하는 것에 대한 불안과 두려움이 크다.

하지만 이 시기에 겪는 고독이 더 깊은 자아 인식을 이루도록 돕고 혼자서 해내는 힘을 길러주기도 한다. 고독을 통해 얻을 수 있는 여러 가지 선물 중 가장 소중한 것은 '생각하는 시간' 이다. 고독하지 않으면 생각할 시간이 없다. 더 많이 생각할수록 인간은 자유로워진다. 생각다운 생각이야말로 인간을 자유롭게 한다.

고독의 시간이 없다면 그저 그런 사람들과 어울리며 진정한 자신과 대면하지 못한다. 세상의 파도에 이리저리 휩쓸리고 시시각각 변하는 사회의 기준과 변덕스러운 타인의 판단에 인생이 결정된다. 내 인생인데 남의 인생을 사는 셈이다.

나는 외향형이지만 많은 사람이 있는 모임이나 파티는 좋아하지 않는다. 군중 속에 있어도 크게 즐겁지 않기 때문이다. 스몰 토크를 즐기지만 의미 없는 대화는 허무하다. 물론 사람들과의 교류는 필요하다. 하지만 인맥 쌓기가 목적인 만남은 길게 이어지지 못한다.

인간은 혼자 있을 때 외롭다고 느낀다. 원시시대부터 다른 사람과 협동하고 관계를 맺으며 살아남은 우리이기에 혼자 있으면 외로움을 넘어서 두렵다는 감정까지 든다. 하지만 지금은 너무 과한 연결 때문에 오히려 피곤함을 느끼고, 그 반동으로 심각한 외로움을 겪는 경우도 많다. 혼자서도 잘 지내는 사람이 다른 사람과도 잘 지낼 수 있다. 나만 유독 외로운 건지 걱정할 필요 없다. 다른 사람도 자연스럽게 느끼는 감정이다.

현대 심리학에서는 '고독의 능력'이 잘 발달한 사람들이 더 창의적이고 정서적으로 안정적이며, 대인관계도 더 건강하게 유지한다는 연구 결과가 있다. 고독을 잘 다루는 능력이 오히려 더 풍요로운 사회적 관계로 이어질 수 있음을 시사한다.

프랑스의 사상가인 토마스 머튼은 "고독이란 나 자신과의 만남이며, 이는 내 안의 가장 깊은 진실과의 대화"라고 했다. 끊임없는 소음과 자극, 소셜 미디어의 과도한 연결성 속에서 진정한 자아를 찾기가 어려워진 오늘날, 고독의 시간은 더욱 소중하다. 트위터의 창업자 잭 도시는 매년 10일간의 묵언 수행을 통해 자신을 되돌아보고 새로운 아이디어를 얻는다고 한

다. 고독이 단순히 외로움을 넘어 창조적 에너지의 원천이 될
수 있음을 보여준다.

　글을 쓰는 과정에는 필연적으로 고독한 시간이 필요하다.
나는 사무치게 고독했던 시간을 겪으며 내면의 소리를 듣는
법을 배웠다. 이 고독의 시간이 나의 정체성을 형성했기에, 인
생에서 없어서는 안 될 귀중한 경험이 되었다. 만약 내가 고독
을 피하고 거부했다면, 아마도 지금쯤 자신이 누구인지도 모
른 채 전혀 다른 삶을 살고 있었을 것이다. 고독을 두려워하지
말라. 그것은 우리의 영혼이 자라나는 소리다.

사랑의 잔혹사,
성장의 서사

마음이 아플 때 나는 성장하고 있다는 것을 믿는다.

루이자 메이 올컷

사랑은 상처를 주지만 그 상처를 치유하는 것도 사랑이다.

칼릴 지브란

상처는 단지 흉터가 아니다. 인생의 흔적이고 삶의 무늬이다.
그 상처가 나를 구성하고 있다.

박노해

사랑하고 잃는 것이 차라리 한 번도 사랑하지 않은 것보다 낫다.

앨프리드 테니슨

사랑할 용기가 없다면 사랑받을 자격도 없다.

윌리엄 셰익스피어

상처받지 않으려고 사랑하지 않는다면,
그것이야말로 가장 큰 불행이다.

알베르 카뮈

　사랑하는 이들로부터 받는 상처는 때로 삶에서 가장 큰 아픔이 된다. 한평생을 바쳐 일했던 회사에서 권고사직을 받는 순간 마음은 무너진다. 신뢰하던 동료나 친구의 배신은 세상에 대한 믿음마저 흔들어 놓는다. 청춘의 빛나는 순간들을 함께 나누던 친구들과 멀어지는 것도 아픔이다. 시간이 흐르면서 그들의 근황조차 모르게 되어버리면 잃어버린 시간의 무게가 체감된다. 온 정성을 다해 키운 반려동물이 무지개다리를 건너는 슬픔은 말로 표현할 수 없다.

　이런 경험들이 쌓이면 더 이상 아무것도, 누구도 사랑하지 않겠다고 다짐하게 된다. 상처받지 않기 위해 마음의 문을 굳게 닫으려 한다. 하지만 시간이 지나면 어김없이 새로운 사랑의 대상이 나타난다. 우리는 과거의 상처를 잊은 듯 다시 한번

온 마음을 다해 사랑을 한다. 이것은 인간의 본질적 특성이다. 사랑으로 인한 상처는 또 다른 사랑으로만 치유될 수 있기 때문이다.

인간은 끊임없이 사랑을 갈구하고 사랑을 통해 치유되고 성장한다. 사랑의 깊이가 깊을수록 상처 또한 깊지만 세상이 무너질 것만 같았던 이별의 아픔도 시간이 지나면 담담하게 글로 풀어낼 수 있을 만큼 아물어간다.

그렇다고 상처가 완전히 사라지는 것은 아니다. 큰 상처일수록 진한 흉터를 남긴다. 흉터는 우리가 겪었던 사랑과 애정의 기록이다. 얼마나 뜨겁게 사랑했는지를 보여주는 증거다. 진한 흉터일수록 잊을 수 없는 사랑의 순간을 재생한다.

인생은 사랑과 상처, 치유의 반복이다. 이 과정을 거치면서 마음은 조금씩 단단해진다. 처음 겪는 상처에는 무너질 것만 같지만 두 번째, 세 번째 겪는 상처에는 조금 더 담대하게 맞설 수 있다. 이것이 바로 '마음의 맷집'이다. 상처받을 것을 두려워하지 않고 아픔을 견뎌낼 수 있는 힘이 생기는 것이다.

이러한 능력은 더 깊고 성숙한 사랑을 할 수 있게 해준다. 과거의 아픔을 통해 현재의 사랑을 더 소중히 여기게 되고, 미래의 상처에 대해서도 잘 대비할 수 있게 된다. 이것은 인생이라는 여정에 얻을 수 있는 가장 값진 경험이다. 사랑하는 이들로부터 받은 상처를 두려워하지 말라. 그것은 당신이 얼마나 뜨겁게 사랑했는지를 보여주는 증거이자 더 큰 사랑을 할 수 있게 해주는 밑거름이다. 상처는 아프지만 아픔을 통해 성장한다. 성장은 우리를 더 나은 사람으로 만들어준다. 사랑하고, 아파하고, 다시 사랑하는 것. 그것이 바로 우리가 살아가는 이유다.

마음을 흔드는 것들에
안녕을 고하라

삶을 단순화하라. 마음의 혼란을 줄여라.

헨리 데이비드 소로

당신의 마음을 다스리면, 당신의 삶을 다스릴 수 있다.

마르쿠스 아우렐리우스

모든 일이 당신 뜻대로 흘러가지 않을 때면 이 말을 기억하라.
비행기는 바람을 가르며 이륙하는 것이지,
바람에 의지하며 날아오르는 것이 아니다.

헨리 포드

단호한 결단이 없으면, 아무것도 이루어지지 않는다.

앤드루 카네기

자신을 극복하는 것, 그것이 인생에서 가장 위대한 승리다.

플라톤

마음이 변하면 태도가 변한다.
태도가 변하면 습관이 변한다.
습관이 변하면 인격이 변한다.
인격이 변하면 인생이 변한다.

앙리 프레데릭 아미엘

　모든 일의 시작은 마음을 다잡는 것이다. 단단한 마음가짐 없이는 어떤 일도 제대로 이룰 수 없다. 마음을 잡는 데 집중하지 않는다면 이리저리 흔들리기만 하다가 인생을 낭비한다. 오늘은 이것에 흥미를 느끼고 내일은 저것에 마음이 끌리는 식으로 살아간다면, 결국 아무것도 이루지 못한다.

　시간은 모래시계처럼 흘러간다. 청춘은 새벽이슬처럼 찰나의 반짝임을 남기고 사라진다. 시간의 흐름은 점점 더 빨라진다. 과거를 돌아보면 20대의 10년은 굉장히 느리게 흘러갔다. 20대의 10년이 마치 20년 같았고, 30대의 10년은 5년 같았다. 40대는 1년같이 느껴진다. 50대의 10년은 마치 6개월 같을지도 모른다. 이 가운데서 스스로 바람개비처럼 주변 상황에 흔들리는 성향이 강하다는 것을 자각했다면 마음을 흔드는 모든 요소를 차단해야 한다.

마음을 흔드는 것을 보지 말라.
끊임없이 스크롤되는 소셜 미디어, 자극적인 영상, 불필요한 정보의 홍수. 이것들에 관심을 끊어라.

마음을 흔드는 것을 듣지 말라.
근거 없는 소문, 부정적인 뉴스, 불필요한 잡담으로부터 귀를 막아라.

마음을 흔드는 사람을 만나지 말라.
의지를 꺾는 부정적인 사람들, 목표에서 벗어나게 하는 이들과의 만남을 대폭 줄여라.

마음을 흔드는 장소에 가지 말라.
유흥과 낭비의 유혹이 가득한 곳들, 시간을 허비하게 만드는 장소, 그곳들을 피하라.

마음을 흔드는 물건을 곁에 두지 말라.

불필요한 소비를 부추기는 물건들, 주의를 산만하게 하는 기기들, 이것들을 정리하라.

마음을 흔드는 음식을 먹고 마시지 말라.

일시적인 만족을 주지만 장기적으로는 해로운 음식들, 정신을 흐리게 하는 술, 이것들을 멀리하라.

하루를 마무리하며 스스로에게 물어본다.

오늘 나는 어떤 하루를 보냈는지. 바람 따라 이리저리 흔들리는 바람개비처럼 시류에 휩쓸렸는지, 아니면 폭풍 속에서도 한결같이 제빛을 비추는 등대처럼 살았는지. 매일 밤 이 질문과 마주하는 것이 성찰의 시작이다.

바람개비처럼 하루를 보냈다면, 어떤 바람이 나를 이끌었는지, 그 방향은 내가 원하는 곳이었는지 돌아본다. 등대의 하루를 보냈다면, 내가 발한 빛이 어떤 의미였는지, 그 빛이 누군가의 길잡이가 되었는지 생각한다. 고요한 성찰은 삶의 나침반이 되어준다.

등대처럼 묵묵히 제자리를 지키는 이들은 깊이 있는 삶을 살아갈 것이다. 바람개비는 화려해 보일지 몰라도 끊임없는 움직임 속에 쉽게 중심을 잃을 것이다. 내 마음은 어떤 모습일까. 흔들리는 바람개비일까, 아니면 묵묵한 등대일까.

감정과 나 사이에
안전거리를 둔다

감정은 결코 나 자신이 아니다.
감정과 나를 분리하는 연습을 할 때
불안과 초조함에서 자유로워진다.

스벤 브링크만

감정을 억누르거나 부정하기보다는,
나에게 어떤 의미인지 이해하려는 노력이 필요하다.
감정을 수용하고 다스리는 것은 성숙의 지표다.

엘리자베스 로프터스

우리를 괴롭히는 것은 사건 자체가 아니라
우리가 그 사건에 대해 가지고 있는 생각이다.

에픽테토스

평화는 외부에서 오는 것이 아니라 내부에서 온다.

달라이 라마

감정은 좋은 하인이거나 나쁜 주인이다.

윌리엄 제임스

감정의 바다에서 떠내려가지 않도록
항상 항해의 도구를 갖춰두어라.

루이자 메이 올컷

미국 시카고의 한 고등학교에서 수학을 가르치는 마이클 톰슨은 어느 날 20년 베테랑 교사 생활 중 가장 큰 도전을 맞이했다. 톰슨의 교실에는 제이슨이라는 학생이 있었다. 수학 실력은 뛰어났지만 감정 조절에 어려움을 겪는 아이였다. 특히 실수를 했을 때 보이는 극단적인 반응은 수업을 중단시킬 정도였다. 작은 계산 실수에도 책을 던지거나 소리를 지르는 일이 잦았다. 톰슨은 처음에 제이슨의 이런 행동에 즉각적으로 대응했다. 벌점을 주거나 교실 밖으로 내보내는 벌을 줬다. 하지만 이런 접근은 상황을 악화시켰다. 제이슨의 분노는 더 커졌고, 다른 학생들도 불안해했다.

교내 상담사는 톰슨에게 감정적 상황에서 한 발짝 물러나 객관적으로 바라보는 '인지적 거리 두기' 기법을 추천했다. 톰슨은 이 방법을 먼저 자신에게 적용했다. 제이슨의 행동에 화가 날 때마다 '내가 지금 화가 나는구나'라고 인식하면서 천천히 감정을 관찰했다. 그러자 제이슨의 행동이 단순한 반항이 아닌 깊은 불안과 완벽주의에서 비롯된 것임을 이해하게 되었다. 이런 통찰을 바탕으로 톰슨은 수업 방식을 바꾸었다. 실수를 두려워하는 제이슨을 위해 '아름다운 실수' 코너를 만들어 유명한 수학자들의 실수 사례를 소개하고, 그것이 어떻게 새로운 발견으로 이어졌는지 설명했다.

동시에 제이슨의 감정이 격해질 때마다 "지금 네 감정이 어떤지 함께 관찰해보자"라며 인지적 거리 두기를 가르쳤다. 6개월 후 교실의 분위기는 완전히 달라졌다. 제이슨은 여전히 실수를 했지만 태도는 변화했다. "지금 내가 한 실수에 대해 불안해"라고 말할 수 있게 되었고, 자신의 감정을 이해하고 조절하기 시작했다.

다른 학생들도 변했다. 자연스럽게 인지적 거리 두기를 배운 학생들은 시험 스트레스나 친구와의 갈등 상황에 대해 더 침착하게 대처하는 태도를 보였고 이는 교실 전체의 정서적 성숙도를 높였다. 톰슨은 이 경험을 통해 중요한 교훈을 얻었다. 감정을 억제하거나 부정하는 것이 아니라 이해하고 관찰해야 한다는 것이다. 이 사례를 교육 저널에 발표했고 많은 교사에게 영감을 주었다.

제이슨은 대학에서 수학을 전공하고 있다. 가끔 톰슨에게 메일을 보내는데 학업 스트레스를 다루는 데 고등학교 때 배운 인지적 거리 두기가 큰 도움이 된다고 한다. 감정의 노예가 아닌 주인이 되는 법을 배운 것이다. 감정은 삶의 나침반이지만 방향을 잃지 않도록 하는 것은 감정을 느끼는 사람의 몫이다. 성숙하게 감정을 다스리는 자는 진정한 자유를 얻는다.

절대
절망은 없다

큰 슬픔 속에서도 나는 별들을 바라보았다.

빈센트 반 고흐

절망은 단지 기회를 위한 또 다른 이름일 뿐이다.

에이브러햄 링컨

절망은 실패의 어머니가 아니라 새로운 도전의 시작이다.

월트 디즈니

가장 어두운 밤이 지나면 가장 밝은 아침이 온다.

빅터 프랭클

인생은 10%는 내가 통제할 수 없는 일이고,
90%는 내가 그 일에 대해 어떻게 반응하느냐에 달려 있다.

찰스 슈왑

아무리 어려운 상황에서도 나는 희망을 찾는다.
어둠 속의 작은 빛에 집중한다.
그를 통해서 어둠에 대한 불만은 잊어버린다.

달라이 라마

아무리 절망적인 상황이 오더라도 그것이 절대값은 아니다. 상황은 늘 변화한다. 겨울이 지나면 봄이 오고 캄캄한 새벽이 지나가면 아침이 온다. 변화는 자연의 섭리다. 그 무엇도 변화를 막을 수가 없기에 현재의 상황을 절대 절망으로 보면 안 된다. 사람들은 상황을 통제할 수 없다는 생각 때문에 절망을 느끼는 경우가 많지만 통제할 수 있든 아니든 상황은 알아서 변화한다.

절망은 슬픔이나 고통을 넘어 미래에 대한 희망을 완전히 잃어버린 상태를 의미한다. 하지만 인생은 예측할 수 없는 변화의 연속이다. 현재의 어려움이 영원히 지속되지는 않는다. 상황은 자신에게 불리할 때도 있고 유리할 때도 있다. 오로지 현재만 보고 긴 인생을 판단하지 말자.

　물리학자 스티븐 호킹은 21살이라는 나이에 루게릭병으로 앞으로 2년밖에 살지 못한다는 절망적인 진단을 받았다. 몸은 점점 마비되어 휠체어에 의존하게 되었지만 지적 호기심과 우주에 대한 탐구심은 결코 꺾이지 않았다. 호킹은 우주의 비밀을 탐구하는 데 전념했고, 삶에 새로운 의미와 목적을 부여했다. 그리고 자신의 육체적 한계를 뛰어넘어 2년이 아닌 55년을 더 살았다. 절망적인 상황에서도 현대 물리학에 혁명적인 기여를 했다.

　한 젊은이가 있었다. 할리우드에서 승승장구할 부푼 꿈을 안고 있던 그는 실사와 애니메이션을 결합한 혁신적인 작품을 선보였다. 하지만 사람들에게 외면당했고 그의 첫 애니메이션 스튜디오는 실패했다. 그래도 그는 굴하지 않고 계속해서 새로운 아이디어를 개발했고 결국 미키 마우스라는 전 세계에서 사랑받는 캐릭터를 창조했다. 미키 마우스는 엄청난 성공을 거두었고 그는 자신이 그토록 꿈꿔왔던 세계적인 엔터테인먼트 기업을 일구어냈다. 그의 이름은 월트 디즈니이다.

절망을 그대로 보지 않는 태도에 인생을 바꾸는 힘이 있다. 어려움 속에서도 기회를 발견하고 새로운 가능성을 모색하는 능동적인 자세가 인생의 방향을 바꾼다. 절망의 심연에서 피어난 희망의 꽃은 가장 아름답다. 시한부 선고를 받은 이가 우주의 비밀을 풀어내며 시간을 거스르고, 파산의 나락에 떨어진 자가 불사조처럼 재기하는 모습은 경이로움을 선사한다. 이들은 절망을 새로운 시작의 문턱으로 삼았다. 그들의 눈에 비친 세상은 달랐다.

어둠 속에서 빛나는 별을 보며, 폭풍 속에서 새로운 항로를 발견한다. 절망을 딛고 일어선 사람의 발걸음은 평범한 이들의 뜀박질보다 더 멀리 간다. 절망을 넘어선 자의 이야기는 모두의 가슴에 새겨지는 불멸의 서사시가 된다. 절망적인 상황이 온다면 불멸의 서사를 쓰자. 불멸의 서사는 영원히 살아남아 사람들의 마음에 꺼지지 않는 불꽃이 되어줄 것이다.

내 감정의
주인으로 사는 법

자극과 반응 사이에는 공간이 있다.
그 공간에서 우리는 우리의 반응을 선택할 수 있는 힘을 가진다.

빅터 프랭클

세상은 당신을 흔들려고 하겠지만
마음의 평화를 지키는 것은 당신의 선택이다.

헬렌 켈러

강한 사람은 타인의 영향에서 벗어나
자기 자신을 유지할 수 있는 사람이다.

프리드리히 니체

당신의 마음은 당신의 것이다.
아무도 당신의 허락 없이 그것을 흔들 수 없다.

마르쿠스 아우렐리우스

감정은 변할 수 있다. 우리의 생각을 바꾸면 감정도 바뀐다.

알프레드 아들러

어떤 감정도 고유의 모습을 그대로 유지하지 못한다.
파도처럼 변한다는 것을 기억하라.

헨리 워드 비처

감정을 느끼는 당사자는 나인데, 내가 감정을 통제하고 있는지 아니면 감정이 나를 주도하고 있는지에 대해 확신하기 힘들 때가 있다. 사람은 주변인의 감정에 절대적으로 영향을 받는 존재이기 때문이다. 주변 사람들의 감정에 민감하게 반응하고 때로는 그들의 감정을 마치 내 것처럼 그대로 받아들이기도 한다. 가족이나 친구, 동료의 기분이 좋지 않으면 자신도 모르게 영향을 받아 우울해지거나 짜증이 나기도 한다. 반대로 주변 사람들이 즐거워하면 우리도 덩달아 기분이 좋다.

이러한 감정의 전이는 인간이 사회적 존재이기 때문에 당연한 일이다. 하지만 문제는 지나치게 전이가 될 때 발생한다. 나는 한때 주변 사람들의 감정에 쉽게 휘둘려 본연의 감정을 잃어버리곤 했다. 신세타령과 하소연을 듣다 보면 쉽게 마음이 지쳤다. 상대방의 감정 상태를 예민하게 인지하는 편이라 감정의 전이가 쉽게 일어났다.

감정의 전이를 막기 위해서 먼저 자신의 감정을 명확히 인식하는 연습을 시작했다. 명상을 통해 나의 현재 감정 상태를 점검하고, 감정의 상태를 글로 표현하면서 현재의 상태를 선명하게 인지하려고 했다. 원하지 않는 감정의 전이를 막기 위해 지나치게 감정적인 사람들과 물리적, 정서적 거리를 두었다. 타인의 감정과 나의 감정을 구분하는 태도가 절실하게 필요했기 때문이다. 부정적인 감정이 드는 것들을 차단하자 점차 감정의 전이에 덜 취약해지고 본연의 감정을 유지할 수 있었다.

주변 사람들의 감정에 전이가 잘 되는 타입은 공감 능력이 뛰어나거나 예민한 사람들이다. 공감 능력과 예민함은 훌륭한 장점이다. 하지만 적절히 관리하지 않으면 자신을 소진시키는 원인이 된다. 장점을 잘 활용하면서도 동시에 나 자신을 보호하는 방법을 찾아야 한다. 주변인들이 내 장점을 감정 해소의 도구로 이용하려 할 때는 먼저 알아차리고 피하는 것이 상책이다.

건강한 관계를 위해서는 '건강한 경계선' 설정이 중요하다. 타인의 감정을 이해하고 공감하는 것은 중요하다. 그러나 자신의 정서적, 감정적 안녕을 해치는 수준이 되어서는 안 된다. 나는 다른 사람이 나에게 감정적 부담을 주려 할 때 그 감성을 지지해주지 않기로 결심했다. 무조건적인 공감이 좋은 것은 아니다. 때로는 현실을 직시하게 해줄 만한 이야기도 필요하다. 그러면 상대방은 점차 나에게 감정적인 동조를 바라지 않게 된다.

'감정 해독' 시간을 가지는 것도 좋다. 특히 감정적으로 고된 하루를 보낸 후에는 의도적으로 나만의 시간을 가졌다. 요가 음악을 들으며 안마의자에서 쉬거나 좋은 책을 읽거나 운동을 하면서 그날 흡수한 부정적인 감정들을 털어냈다. 혼자 있는 시간은 부정적 감정 전이로부터 벗어나는 훌륭한 해독제가 되었다. 만약 회사에 다니고 있을 때 이런 시간을 충분히 가졌더라면 사회생활이 덜 힘들었을지도 모른다.

타인을 감정적으로 지지하지 않는다고 해서 깊이 있게 소통할 수 없는 것은 아니다. 오히려 무조건적인 감정적 지지가 진실을 왜곡할 가능성이 있다. 진정한 소통은 내가 감정적으로 안정되고 건강할 때 비로소 이루어진다는 것을 잊지 말자. 감정의 주체는 자신이 되어야 한다. 감정의 주체가 되어야만 외부 요인에 흔들리지 않고 내면의 평정과 정서적 건강을 유지할 수 있다.

안정감이라는 함정에 빠져
가능성을 잃을 것인가

안정은 환상이다. 인생에서 위험하지 않은 것은 없다.

헬렌 켈러

하나의 자리에 안주하면 천 가지 병이 생긴다.

백거이

편안함을 추구하면 위태로움이 따르고,
위태로움을 견디면 편안함이 따른다.

맹자

안정을 추구하다 보면
결국 모험이 필요하다는 것을 깨닫게 된다.

앙드레 지드

편안함은 일시적이지만 성장의 고통은 영원한 자산이 된다.

짐 론

진정한 삶은 도전과 성장의 연속이다.
안주하는 것은
우리가 본래 지닌 무한한 가능성을 포기하는 것이다.

버트런드 러셀

자신에게 안주하는 순간,
자신을 억압하는 한계를 만드는 것이다.

미셸 푸코

지인은 젊은 시절 음악을 업으로 삼고 싶었지만 '현실적인 선택'으로 은행원이 되었다. 부모님의 기대, 안정적인 수입, 사회적 지위를 고려한 선택이었다. 처음에는 "언젠가 여유가 생기면 음악을 다시 시작해야지"라고 말했다. 이후 결혼을 하고, 아이가 생기고, 집을 사야 했다. 새로운 현실적인 선택들이 계속해서 그를 옭아맸다. 이제 오십을 훌쩍 넘겨 퇴직을 한 그에게 음악은 여전히 꿈으로만 남아 있다. "이제 여유가 생겼는데도 뭔가를 시작하기가 두렵다"고 말한다. 수십 년간의 현실적 선택이 그의 즐거움과 재능, 도전 정신마저 앗아간 것이다.

안정감이 나쁜 것은 아니다. 휴식이 필요 없는 여행이 없듯이 삶에도 안정감 있는 순간은 필요하다. 하지만 그 안정감과 편안함이 영원한 안주처가 되어서는 안 된다. 그것은 휴게소를 목적지로 착각하는 것과 같다. 실패를 두려워하는 것은 자연스러운 감정이다. 누구나 안정적인 삶을 원하고, 불확실성 앞에서 망설인다. 그것을 넘어서지 못한다면 인생은 점점 더 좁아진다. 안전한 선택만 하다 보면 새로운 경험을 할 기회도 줄어들고 그만큼 시야도 협소해진다. 나이 들어 여유가 생겨도 그 여유를 즐길 줄 모르는 사람이 되고 만다.

무조건적인 도전이나 무모한 선택이 옳은 것은 아니다. 현실을 전혀 고려하지 않는 선택은 더 큰 후회를 낳을 수 있다. 현실적인 선택이 주는 안정감은 분명 매력적이다. 하지만 안정에만 집착하다 보면 인생은 점점 단조로워지고 성장의 기회도 줄어든다. 점점 더 작은 세상에 갇히기가 쉽다. 새로운 도전을 할 때마다 느끼는 두려움과 불안은 자연스러운 감정이다. 그 감정에 지배되지 않고 한 걸음씩 자신의 한계를 넓혀가는 것이 진정한 성장이다.

우리가 험한 산길 대신 잘 닦인 평지를 선호하는 것은 어쩌면 당연한 선택일지도 모른다. 하지만 정상에서 바라보는 풍경을 보려면 때로는 거친 등산로도 감수해야 한다. 니체는 "별은 혼돈 속에서 태어난다"고 했다. 어둠 속에 있으면 처음에는 아무것도 보이지 않지만 시간이 지나면서 희미한 불빛에도 익숙해진다. 그러다 밝은 빛을 보면 불편하다. 작은 편안함에 익숙해지다 보면 더 큰 가능성이라는 빛조차 부담스러워진다.

'현실적 선택'이라는 말속에는 자기 위안이 숨어 있다. 그저 현실적이라는 이유만으로 그 선택이 옳다고 스스로를 설득하려 하는 것이다. 사람은 현재의 렌즈로만 현실을 바라보는 경향이 있다. 하지만 시간은 멈추지 않고 흐른다. 현실은 끊임없이 새로운 모습으로 변모한다. 오늘의 현실적 선택이 내일의 걸림돌이 될 수 있다. 진정한 현실주의자라면 더욱 과감한 도전을 선택할 수 있을 것이다.

현실주의자의 지혜는 끊임없이 변화하는 현실의 흐름을 이해하는 데서 시작한다. 지금의 안정이 영원할 것이라 믿는 것은 환상일 뿐이다. 참된 안정은 표면적인 평온함이 아닌 깊은 곳에서 우러나오는 견고함에 뿌리를 두고 있다. 안정은 새로운 도전과 변화를 받아들이며 자연스럽게 피어난다. 끊임없이 변화하는 현실 속에서 유연하게 적응하고 성장하는 힘이야말로 우리가 그토록 갈구하는 안정의 씨앗이 될 것이다.

화내고 상처받는
악순환의 고리를 끊어라

분노는 단 한 순간이지만 후회는 평생 간다.

알 샤피

화난 마음으로는 어떤 결정도 내리지 마라.

달라이 라마

분노를 이기는 가장 좋은 방법은 시간을 지연시키는 것이다.

루키우스 안나이우스 세네카

화내지 않는 것은
약함이 아니라 내면의 힘을 말해준다.

이븐 아라비

분노는 지혜의 적이다.

성 프란체스코

누구나 화를 낼 수 있다. 그건 아주 쉽다.
하지만 적절한 때에, 적절한 목적으로, 적절한 방식을 취해서
화를 내는 것은 쉽지 않다.

아리스토텔레스

20대의 나는 엄청나게 다혈질이었다. 하지만 오십을 바라보고 있는 현재는 많이 차분해졌다. 전에는 다혈질인 내가 싫어서 성격을 바꿔보려고 노력했지만 쉽지 않았다. 작은 일에도 화가 치밀어 올랐고, 나도 모르게 목소리가 커졌다. 그럴 때마다 후회가 밀려왔다. '내가 왜 이럴까' 하는 자책도 이어졌다.

갑작스러운 분노를 조절하지 못하면 결국 그 분노는 자신에게 돌아온다. 순간적인 감정에 휘둘려 내뱉은 말이나 행동은 돌이킬 수 없는 상처를 남기고, 그 후회는 고스란히 마음을 무겁게 만들었다. 때로는 화가 나는 것이 자연스러운 감정이다. 하지만 내 감정에만 충실하면 결국 주변 사람들과의 관계

246

가 멀어지고 고립될 수밖에 없다. 감정은 일시적이지만 순간적 분노로 인한 상처와 후유증은 오랫동안 지속된다.

상대방도 나와 같은 감정을 가진 사람이라는 생각을 바탕으로 서로의 감정을 이해하고 존중하는 것이 건강한 관계의 시작이다. 격한 감정이 밀려올 때 잠시 멈춰 서서 자신을 돌아보는 시간을 가져보자. 욱하는 대신 자신만의 '타임 아웃'을 가져보는 것이다. 일단 대화를 멈추고 그 자리에서 벗어나 걷거나 차를 마시며 마음을 진정시킨다. 이것은 도망가는 것이 아니라 더 나은 대화를 위해 잠시 휴식하는 것이다. 숨을 고를 시간을 가진다면 더 나은 방식으로 표현할 수 있다.

더욱이 화를 내는 것보다 중요한 건 내 감정을 제삼자의 관점으로 관찰하는 일이다. 상대방도, 자신도 불편하고 후회하게 할 감정표현을 하기 전에 왜 화가 났는지 원인부터 찾아보아야 한다. 20대의 다혈질 시절에 이걸 알았다면 화를 내고 후회하는 일을 반복하지 않았을 것이다.

다혈질인 내가 차분해진 가장 큰 원인은 '인생의 우선순위'였다. 20대에는 모든 일이 중요하고 절실했다. 작은 일에도 전력을 다했고 그만큼 스트레스도 컸다. 불공평해 보이는 상황과 이해할 수 없는 일들에 쉽게 분노했다. 하지만 지금은 이러한 일들이 '과정'이라는 것을 알게 되었다. 지금 당장 화나는 일도 며칠 지나면 별것 아닌 일이 되곤 했다. 시간이 약이라는 말을 경험하면서 감정을 다스리는 여유가 생겼다.

실수와 실패를 대하는 태도도 변화했다. 20대에는 작은 실수도 용납할 수 없었다. 완벽해야 한다는 강박이 있었다. 그래서 더 쉽게 화를 냈다. 하지만 지금은 실수도 인생의 한 부분이라는 것을 받아들이게 되었다. 실패해도 다시 일어설 수 있다는 자신감이 생겼다.

무엇보다 나를 더 이해하게 되었다. 화가 날 때 그 감정의 근원이 무엇인지 들여다보는 여유가 생겼다. 너무 피곤하거나 때로는 오래된 상처나 스트레스 때문이라는 것을 알게 되었다. 자기 이해는 자기 용서로 이어졌고 타인에 대한 이해로 확장되었다. 이제는 화가 나면 '그럴 수도 있지'라면서 넘겨버린다. 피자를 주문했는데 1시간 반 만에 도착해서 차디차게 식어도 그러려니 하고 넘어간다. 생일 선물이 담긴 택배가 기사님의 실수로 옆 동에 배달되어도 그러려니 하고 찾아가서 받아온다.

작은 분노를 다스리다 보면 삶의 질이 달라진다. 화를 내봤자 내 손해다. 화를 내지 않을수록 화가 나지 않는다. 그런다고 내가 약해지거나, 억울하거나, 만만해 보일 수 있다고 걱정하는 건 쓸데없는 일이었다. 오히려 화를 내지 않으니 더 강해졌다. 쉽게 화를 내는 사람보다 분노를 다스릴 줄 아는 사람이 훨씬 성숙하고 단단한 사람이다.

미움이라는 감정은
생각보다 많은 에너지를
소모한다

증오는 영혼에 독이 되는 감정이며
결국 그것을 품은 자를 파괴한다.

프리드리히 니체

미워하는 시간은 자신을 사랑할 수 있는 시간을 빼앗는 것이다.

헨리 포드

누군가를 미워하는 것은 자신의 마음에 불을 지르는 것과 같다.

석가모니

미움은 두 사람을 해치지만
더 큰 상처를 받는 것은 미워하는 사람이다.

카를 융

다른 사람을 미워하면서 내가 행복할 수는 없다.

달라이 라마

미움은 감정의 낭비다. 그것은 아무것도 해결하지 못한다.

레프 톨스토이

인간이라면 누구나 미움이라는 감정을 품을 수 있다. 하지만 미움은 마음속에 뿌리내린 독초와 같아서 오래 품고 있을수록 더욱 깊게 자란다. 증오와 혐오라는 싹을 틔우고 걷잡을 수 없이 증폭된다. 그에 결국 상처받는 사람은 내가 되는 감정이 바로 미움이다. 미움은 마음의 평화를 가로막는 커다란 장애물이다. 미움도 하나의 현상으로 바라보고 자연스럽게 흘러가도록 내버려둬야 한다. 부정적 감정에 대해 판단하거나 억누르지 않고 그저 관찰하고 알아차리는 것, 이런 거리 두기가 그 감정에 휘둘리지 않는 힘을 준다.

미움의 감정은 모래성과 같아서 쌓아 올릴수록 허무하게 무너진다. 허무하게 무너질 모래성에 투자하는 것만큼 어리석은 일은 없다. 그런 곳에 쓸 마음의 에너지가 있다면 차라리 자신을 위해 투자하는 것이 현명하다. 미움에 쏟는 에너지의 절반만이라도 자신의 성장을 위해 쓴다면 삶은 훨씬 더 풍요로워질 것이다.

심리학자 알프레드 아들러는 미움은 열등감의 보상일 수 있다고 주장했다. 타인을 미워함으로써 자신의 불안과 불완전함을 잠시나마 잊으려 하는 것이다. 하지만 이는 일시적인 방어기제에 불과하다. 근본적인 해결책이 되지 못한다. 미움이라는 감정에 사로잡히면 사람은 객관성을 잃기 쉽다. 상대방의 모든 행동이 부정적으로 보이고 작은 실수도 크게 확대되어 보인다. 이렇게 왜곡된 시각은 우리의 판단력을 흐리게하고 불필요한 갈등을 초래한다. 특히 직장에서 미움의 감정을 제대로 다루지 못하면 업무 효율성이 현저히 떨어진다. 미워하는 동료나 상사를 마주칠 때마다 느끼는 불편함, 그들과 소통하며 일해야 할 때의 스트레스, 이 모든 것이 에너지를 소진시킨다.

더 큰 문제는 미움이 건강에도 영향을 미친다는 점이다. 지속적인 미움의 감정은 스트레스 호르몬을 증가시키고, 면역력을 저하시킨다. 심지어 불면증, 두통, 소화불량 같은 신체적 증상으로 이어지기도 한다. 미움은 독이 든 와인이다. 마시는 사람만 해롭다. 미움이란 감정이 오래 머물지 않도록 하자. 미움을 오래 품고 가느냐, 내려놓느냐는 전적으로 내가 선택할 수 있다. 그런데도 미움이 사라지지 않는다면 자신에게 이런 질문을 해보자.

"그 미움이 정말 나의 시간과 에너지를 들일 만한 가치가 있나?"

장 폴 사르트르는 "타인은 지옥이다"라고 했지만 타인에 대한 미움은 자신을 더 큰 지옥으로 몰아넣는다. 미움은 자유를 제한하고 자아실현을 방해한다. 미움이라는 감정에 소중한 시간과 에너지를 낭비하기에는 인생이 너무 짧다. 그 시간과 에너지로 차라리 자신을 사랑하는 법을 배우고, 새로운 가능성을 향해 한 걸음 더 나아가는 것이 현명하다. 미움은 무거운 짐이다. 그것을 내려놓는 순간, 비로소 가벼운 발걸음으로 나아갈 수 있다.

타인의 욕망과
자신의 욕망을 헷갈리지 말라

당신이 원하는 것을 얻으려면 당신이 누구인지를 알아야 한다.

코코 샤넬

당신이 진정으로 원하는 것을 알면,
그것을 얻는 방법도 알게 된다.

에크하르트 톨레

당신의 영혼이 요구하는 것을 하라.
그것이 당신의 진정한 소명이다.

헤르만 헤세

다른 사람들이 정의한 삶을 살지 마라.
당신만의 삶을 살아라.

스티브 잡스

우리는 대부분 자신이 진정으로 원하는 것을 욕망하기보다는
남들이 자신에게 기대하는 것을 욕망한다.

알랭 드 보통

당신의 마음이 끌리는 방향으로 가라.
당신의 꿈을 좇는 것만큼 중요한 것은 없다.

조지프 캠벨

　사람은 집단에 소속되고 인정받기를 원한다. 그래서 때로
는 자신의 진정한 욕망보다 타인이나 사회의 기대에 맞추려고
한다. 또래 집단과 자신을 비교하면서, 소셜 미디어에 올라오
는 다른 사람들의 삶의 하이라이트를 보면서, 자신의 삶에 대
해 불만족을 느끼고 남들이 가진 것을 욕망하게 된다.

　인간이라면 누구나 자신이 반드시 이루어야 할 욕망이 있
을 것이다. 욕망은 우리를 움직이게 하는 원동력이며, 삶에 의
미를 부여하는 근원이다. 하지만 많은 사람이 자신의 진정한
욕망을 알지 못한 채 살아간다. 여기서 '욕망'과 '욕심'을 구분

할 필요가 있다. 욕망은 욕심과 다르다. 욕심이 때로 부정적인 의미를 내포한다면, 욕망은 그렇지 않다. 욕망은 본질적인 열망, 오랜 고심 끝에 자신만의 삶을 완성시키는 근본적인 가치 추구를 의미한다.

내 욕망을 추구하는 것이 사회에 해를 끼치지 않고 타인을 괴롭게 하는 것이 아니라면, 그것은 건강한 욕망이다. 예술가가 되고자 하는 욕망, 사회에 기여하고자 하는 욕망, 자신의 능력을 극대화하고자 하는 욕망은 건강한 욕망이라 할 수 있다. 욕망을 통해 자신을 정의하고 삶의 방향을 설정한다. 욕망을 이루고 사는 사람은 건강하다. 삶에 만족하고 성장하고 발전한다. 그런데 많은 사람이 자신만의 욕망이 무엇인지 알지 못하기에 대부분 타인의 욕망을 욕망한다. 우리는 너무 오랫동안 타인의 욕망을 따라가도록 교육받았는지도 모른다.

학교에서, 가정에서, 사회에서 우리는 성공의 정의를 주입받았다. 좋은 대학에 가고, 안정적인 직장을 얻고, 결혼을 하고, 집을 사는 것. 이것이 우리 사회가 정의하는 '정상적인' 삶의 궤적이다. 하지만 이것이 과연 모든 이의 진정한 욕망일까?

우리는 자신의 욕망을 진지하게 탐구하도록 배운 적이 없다. 대신 사회가 정의한 성공과 행복의 기준을 무비판적으로 수용하도록 요구받았다.

자신의 욕망을 제대로 알지 못하면 행복의 본질에 도달할 수 없을 확률이 높다. 남이 정의한 성공을 이루더라도, 자신의 진정한 욕망과 일치하지 않는다면 공허하다. 고액 연봉을 받는 직장인이 불안해하고, 겉으로 보기에 완벽한 삶을 사는 사람이 우울증에 시달리는 이유가 여기에 있다.

욕망은 사람의 생김새만큼이나 다양하다. 어떤 이는 예술적 표현을 갈망하고, 어떤 이는 지식의 확장을 욕망한다. 누군가는 사회 정의를 위해 싸우기를 원하고, 또 다른 이는 평화로운 가정을 꾸리는 것을 최고의 가치로 여긴다. 이 모든 욕망은 동등한 가치를 지니고 동등하게 존중받아야 한다. 사회의 욕망이 자신의 욕망은 아니다. 타인의 욕망이 자신의 욕망일 수 없다.

인간은 각자 고유한 존재이며, 따라서 욕망 또한 고유하다. 남들이 원하는 것을 쫓아가는 것은 진정한 만족을 가져다주지 못한다. 인생을 남이 대신 살아줄 수 없듯이 자신의 욕망을 남이 발견해줄 수 없다. 타인의 욕망을 따라가면 언뜻 쉬운 삶이 펼쳐진다고 여길지도 모른다. 만약 그 길의 끝에 공허와 후회가 기다리고 있다면 어떻게 하겠는가?

성찰은
내면의 안전장치다

매일 밤 자신을 돌아보는 시간을 가져라.
그것이 성장의 비결이다.

벤저민 프랭클린

성찰이 깊을수록 마음이 맑아진다.

퇴계 이황

자기 성찰은 영혼을 위한 거울이다.

루키우스 안나이우스 세네카

스스로 깊이 성찰하면 그만큼 큰 지혜가 온다.

고트프리트 라이프니츠

성찰은 미래를 위한 최고의 투자다.

피터 드러커

성찰은 우리의 성격을 다듬고 그것이 삶을 이끈다.

장 파울

　성공이라는 산을 오르는 것보다 정상에서 균형을 잃지 않는 것이 더 어려울 수 있다. 가진 것이 많을수록 지켜야 할 것도 많아진다. 오랜 시간 일구어낸 성공이 순간의 감정 조절 실패로 빛을 잃는 경우를 목격한다. 진정한 성공이란 내면의 성숙과 함께 가는 것이다. 내면의 성숙은 성찰 없이 이루어지지 않는다. 성공에 취해 감정을 제멋대로 휘두르는 것은 파멸의 골짜기로 스스로를 떨어뜨리는 것이다.

　청년 사업가 A는 피나는 노력으로 사업체를 안정시키고 드디어 성공의 반열에 올랐다. 하지만 이 시점부터 A는 아내를 비롯한 주변인들과의 불화를 겪는다. 자신의 노력을 보상받으려는 보상심리가 발동해 A는 겸손을 잃어버렸다. 성과에 취한 듯 갑자기 보수적으로 변하고, 자신의 회사에서 일하는 사람들을 폄훼했다. 정부가 세금도둑이라는 말도 서슴지 않고, 형편이 어려운 사람을 무시하는 발언도 예사롭지 않게 내뱉었다. 가정은 뒷전이고 밖으로 나돌며 향락에 몰두했다.

A는 과거의 자신을 잃어버린 걸까? 필터 없이 내뱉은 말은 다시는 주워 담지 못한다. 문제의 원인은 성찰에 있다. A는 성공이라는 달콤한 열매에 취해버려 자신을 되돌아보는 시간을 갖지 않았다. A가 자주 성찰의 시간을 갖고, 성공에 도움을 준 고객들과 가족, 사회, 국가에 대한 감사한 마음을 품었더라면 주변을 적으로 돌리며 향락에 탐닉하는 생활을 하지 않았을 것이다. 성찰은 반성과는 다른 의미이다. 성찰이란 단순하게 잘못된 점만 찾아보는 것이 아니다. 자신의 행동이나 경험을 돌아보며 감정과 내면을 깊이 이해하고 성장하는 과정을 뜻한다.

미디어에 자주 모습을 비치던 사업가 B씨는 큰 영향력이 있는 사람이다. 하지만 그의 입에서 나오는 감정 섞인 어휘와 말투는 추락을 예견하고 있었다. 툭 하면 "독서를 전혀 하지 않는다"고 자랑스럽게 이야기하고, 공개적인 장소에서도 입에서 나오는 대로 폭언을 일삼는 걸 부끄러워하지 않았다. 무엇이 잘못되었는지 모르는 뻔뻔한 행동으로 사람들을 불쾌하게 했다.

아니나 다를까. B씨의 회사는 영업이익이 곤두박질치며 예전의 명성을 되찾기 힘들어 보인다. 최근에는 적자회사가 되었다. 몇 년 전까지 승승장구했다는 걸 믿을 수 없을 정도로 쪼그라들었다. B씨의 사업체에 핵심 이익을 만들어준 사람들은 가차 없이 B씨의 회사를 떠나버렸다. 성찰하지 않는 사람 곁에는 인재가 붙어 있지 않는다. 운이 좋아서 성공했다 한들 그것은 지속되지 않는 일시적인 현상으로 끝나고 만다.

감정관리와 성찰은 다른 개념 같지만 서로 깊이 연결되어 있다. 감정을 관리하려면 우선 그 감정을 이해하고 숙고하는 시간이 필요한데, 이것을 가능하게 하는 것이 성찰의 시간이다. 우리가 느끼는 감정은 혼란스럽거나 복합적일 수 있다. 성찰은 감정을 해체하여 더 명확히 이해할 수 있도록 돕는다.

화가 난 상황에서는 그 화가 단순히 분노 때문인지, 아니면 상처받은 자존감이나 불안에서 비롯된 것인지 성찰을 통해 깨달을 수 있다. 숨 가쁜 일상의 소음 속에서 잊힌 감정들은 성찰이라는 정적 속에서 비로소 제 모습을 찾는다. 성찰의 시간을 통해 감정의 패턴을 발견하고, 그것을 다스리는 지혜를 얻는다. 매일의 작은 성찰이 쌓여 감정관리의 근육이 되는 것이다.

성찰은 내면의 안전장치다. 멈추어 살펴보지 않는 삶은 어디로 향하는지도 모른 채 폭주하는 기차처럼 위험하다. 성찰의 시간은 방향을 확인하고 속도를 조절할 수 있는 여유를 준다. 일과 삶, 양쪽에서 균형과 조화를 이루는 건강한 삶을 위해 반드시 필요한 것이다.

6장

품격 있게
나이 들어가는 법

나이 듦은
상실이 아닌 획득의 과정이다

젊을 때는
세상을 감각적으로 받아들이고 경험하는 데 집중했다.
나이가 들면서 우리는
그 경험들을 깊이 있게 바라보고
의미를 찾는 능력을 갖추게 된다.

매리언 울프

젊음은 인생의 한 시기이고, 늙음은 예술이다.

프랭크 로이드 라이트

시간은 신체를 약하게 할 수 있지만
영혼은 더욱 강하게 만든다.

헬렌 켈러

젊음은 낭비할 수 있는 사치이지만
지혜는 나이 들어야만 얻는 선물이다.

오스카 와일드

우아하게 늙어가는 것은 예술이다.

존 퀸시 애덤스

나이 듦에 따라 우리는 더 많은 경이로움을 배우고
더 깊은 평화를 찾게 된다.

파울로 코엘료

우리는 나이가 들어도 그때그때마다 새로운 것이 될 수 있다.
성숙은 과거와 현재를 잇는 살아 있는 연결이다.

윌리엄 제임스

로마법의 기초를 세운 철학자 마르쿠스 툴리우스 키케로는
무모함은 젊음의 소산이고, 지혜는 노년의 소산이라고 했다.
키케로가 말한 지혜는 단순히 많은 것을 아는 지식과는 다르
다. 그것은 삶의 굽잇길에서 배운 통찰력이며, 시행착오를 통
해 얻은 균형 감각이다. 젊었을 때는 세상의 모든 것이 흑과
백으로 보였다면, 나이가 들수록 삶의 다양한 회색지대를 이
해하게 된다. 타인의 실수를 너그럽게 바라보게 되는 것도, 복

잡한 상황 속에서도 평정심을 유지할 수 있는 것도 연륜의 산물이다.

나이 듦은 상실이 아닌 획득의 과정이다. 쇠퇴가 아닌 성숙이다. 나이가 들수록 더 깊어지고, 더 지혜로워지며, 더 자유로워진다. 이것은 연륜이 가진 고유한 아름다움이자 축복이다. 시간이 흐를수록 더 깊어지는 통찰력, 더 너그러워지는 마음, 더 선명해지는 삶의 의미. 이것은 노년에게 허용된 특별한 아름다움이다. 나이 듦을 두려워하지 않고 새로운 삶의 지평을 발견할 수 있다.

젊은이의 싱그러운 미소가 아직 피어나지 않은 꽃봉오리라면 노인의 온화한 미소는 만개한 꽃잎이다. 노인의 온화한 미소가 젊은이의 싱그러운 미소만큼이나 아름답게 느껴지는 이유는, 그 온화한 미소 속에는 삶의 깊이가 담겨 있기 때문이다. 노인의 미소는 수많은 기쁨과 슬픔을 보듬어 안은 미소이며 날카로웠던 모서리들이 세월의 조각칼로 부드럽게 다듬어진 미소다.

젊은이의 미소는 순수하고 생기 넘치지만 때로는 삶의 깊이를 모르는 천진난만함이 묻어난다. 노인의 미소는 인생의 온갖 굴곡을 겪고도 여전히 따뜻한 너그러움을 지니고 있다. 실패와 좌절을 겪으면서도 다시 일어섰고 상처와 아픔을 겪으면서도 타인을 이해하는 법을 배웠다. 또, 젊었을 때는 도저히 용납할 수 없었던 일도 너그럽게 받아들일 수 있는 포용력이 생겼다. 세상을 향한 원망이나 미움 대신 모든 것을 있는 그대로 받아들이는 평온함이 노년의 미소를 더욱 빛나게 만든다. 무엇보다 노인의 미소에는 참된 마음이 드러난다. 더 이상 남에게 보여주기 위해 가식적으로 웃지 않아도 되는 나이라서다.

젊음의 아름다움이 태어남과 동시에 받는 선물이라면 노년의 미소는 삶이라는 긴 여정을 통해 얻어낸 승리의 기쁨이자 초월의 증표다. 그래서 노인의 온화한 미소 속에서 단순한 표정 이상의 무언가를, 삶의 본질에 가까운 어떤 진리를 발견하게 되는 것이다.

젊음이 화려한 꽃이라면 나이 듦은 깊이 있는 향기와 같다. 겉으로 보이는 화려함은 줄어들지 모르지만 그 대신 내면의 풍요로움이 커진다. 젊었을 때는 미처 보지 못했던 삶의 세세한 아름다움을 발견하고 그 아름다움이 온화한 미소로 이어진다. 노년에 웃을 수 있는 삶을 가꿔가는 것은 젊음의 싱그러움과 견주어도 결코 그 빛이 어둡지 않다.

세월을 통해
삶의 본질에
더욱 가까워진다

나이 든다는 것은 다른 봉우리에 오르는 것과 같다.
숨은 조금 더 차지만 전망은 더욱 좋아진다.

잉그리드 버그만

우리는 늙어가는 것이 아니라
더욱 새로워지는 것이다. 날이 갈수록.

에밀리 디킨슨

당신의 나이는 당신의 이야기이다.
그것을 자랑스럽게 써 내려가라.

존 바론

우리는 나이 들어감에 따라 변하는 게 아니라
더욱 자신다워진다.

린 홀

시간은 인생의 강물이다.
그 흐름은 우리를 앞으로 나아가게 한다.

벤저민 디즈레일리

젊음은 자연이 준 선물이다.
연륜은 사람이 만드는 예술 작품이다.

스타니스와프 예지 레츠

시간은 쉬지 않고 흘러가고 우리는 그 흐름 속에서 살아간다. 어느 날 문득 거울을 보다가 늘어난 주름과 흰 머리카락을 발견하고, 오래전 사진을 보며 지나간 젊음을 그리워할 때가 있다. 그럴 때마다 한숨이 나오고 피부과에서 어떤 시술을 받을지 고민한다. 어떻게 하면 동안으로 보일지 거울만 쳐다보고 있다.

세월이 흐른다는 것은 살아 있다는 증거다. 매 순간 숨을 쉬고, 느끼고, 경험하고 있다는 것을 의미한다. 그 자체로 이미 큰 축복을 받았다. 지구상의 모든 생명체 중에서 이렇게 긴 시간을 살아가며 다양한 경험을 할 수 있는 존재는 많지 않다. 우리는 이 축복을 충분하게 누리고 있을까? 아니면 주름진 얼굴을 한탄하며 지나간 세월을 야속해하고 있을까?

시간이 흐르면서 인간은 성장한다. 어린 시절의 순수함과 열정, 청년기의 도전정신과 패기, 중년의 안정감과 깊이, 노년의 지혜와 관용. 이것들은 시간이 우리에게 선물한 귀중한 자산이다. 만약 시간이 멈춰 있다면 이런 다채로운 인생의 맛을 볼 수 없을 것이다.

세월의 흐름이 항상 반갑지만은 않다. 활력은 없어지고, 체력은 훅 떨어진다. 이런 변화 속에서 예상치 못한 삶의 다양한 측면을 발견하기도 한다. 젊었을 때는 미처 보지 못했던 삶의 소중함, 관계의 중요성, 평범한 일상의 가치를 발견한다. 저질 체력 덕분에 자동으로 우선순위가 매겨지므로 삶이 단순해지고, 부질없는 것은 무엇인지 깨닫게 된다.

그리고 더 많은 이야기를 갖게 된다. 성공과 실패, 기쁨과 슬픔, 사랑과 이별. 이 모든 경험이 모여 독특한 인생 이야기를 만든다. 주름진 얼굴은 부끄러워할 것이 아니라 훈장처럼 자랑스럽게 생각해야 한다. 내가 만약 스무 살이라면 주름 하나 없는 얼굴로 펄펄 뛰는 무쇠체력을 탑재하고 있겠지만 글로 풀어낼 만한 인생 경험이 없는 시기이기에 다시 그때로 돌아가고 싶지는 않다.

새로운 기회가 찾아오기도 한다. 축적된 경험과 지혜 덕분에 의미 있는 도전을 할 수 있다. 마흔이 되어서야 웨딩드레스 디자이너로 데뷔한 베라 왕은 70대가 된 지금도 왕성한 활동을 하고 있다. 베라 왕의 드레스는 트렌디한 감각과 전통적 요소가 조화롭게 어우러진 세련된 미니멀리즘을 담고 있다. SNS에서도 그녀의 사진이 업로드 될 때마다 매번 화제가 된다. 그녀는 젊은 시절 쌓아온 다양한 경험과 깨달음을 바탕으로 나이 듦을 두려워하지 않고 세월의 흐름을 한계로 여기지 않았다.

세월의 흐름을 받아들이는 것은 자신을 있는 그대로 받아들이는 것과 같다. 영원히 젊을 수 없다. 나이를 먹는 것이 내가 지닌 가치를 떨어뜨리는 것은 아니다. 오히려 나이 듦을 통해 진실된 자아를 만나고, 삶의 본질에 더 가까워질 수 있다. 겉모습에 연연하기보다는 내면의 성장에 집중할 때 진정한 아름다움과 행복을 발견할 수 있다.

이러한 관점은 삶을 대하는 태도 또한 변화시킨다. 과거에 연연하지 않고, 현재에 충실하며, 더 나이 들어갈 미래를 긍정적으로 바라볼 수 있게 해준다. 우리에게 주어진 시간은 한정되어 있지만 그 안에서 만들어낼 수 있는 가치는 무한하다. 세월의 흐름을 거스르지 않고 자연스럽게 받아들이는 방법을 아는 현명함이야말로 나이 듦의 특권이다.

비로소
무엇을 내려놓아야 할지
알아간다

나이가 들면서 우리는 젊음의 아름다움을 잃지만
다른 종류의 아름다움을 얻는다.

랄프 왈도 에머슨

늙는 것은 마치 책을 읽는 것과 같다.
첫 장은 놀랍고 마지막 장은 감동적이다.

루키우스 안나이우스 세네카

나이가 들수록 인생은 더 간단해진다.
하지만 그 간단함은 깊이 있고 단단하다.

프리드리히 니체

늙는다는 것은 시간과 더불어 자유로워지는 것이다.

에리히 프롬

성숙함이란 자신의 삶과 다른 이들의 삶을 연결시키고
그 속에서 자신을 재정의하는 것이다.

자크 데리다

성숙함이란 결코 모든 답을 아는 것이 아니라
답을 찾는 과정에서 평온함을 찾는 것이다.

브렌 브라운

나는 배려와 존중이 부족한 사람이었다. 평생 그렇게 살아
도 괜찮을 줄 알았지만 시간의 흐름과 함께 삶에서 이루어내
야 할 가치가 내 모습과는 상당한 차이가 있다는 걸 알았다. 변
화해야 했다. 이기적인 모습은 30대부터 무너지기 시작했다.
이타적인 삶을 살아야 성장할 수 있다는 걸 알게 되었다. 40대
에 들어서는 인간의 나약함을 인정했다. 무쇠 같은 체력이 꺾
이기 시작하면서 사람은 완벽할 수 없다는 걸 자각하고, 조금
더 관대하고 애잔한 시선으로 타인을 바라보기 시작했다.

어린 시절에는 사회의 기대나 타인의 시선을 의식하여 자신을 억제하곤 한다. 나이가 들어가면서 그 억제에서 벗어나 더욱 자유롭고 진솔한 자아를 표현할 수 있다. 타인의 시선에 대한 과도한 의식은 자신의 진정한 모습을 감추게 만들고, 역설적으로 더 이기적인 행동으로 이어질 수 있다.

남들에게 좋은 인상을 주기 위해 행동했지만 그 과정에서 자신의 솔직한 감정과 욕구를 무시했고 알아보려고 하지도 않았다. 억압된 자아가 때때로 예상치 못한 방식으로 표출되어 마음은 그렇지 않아도 이기적인 행동을 저지르는 것이다. 나이가 들어가면서 점차 타인의 기대에 벗어나 자신의 본질을 받아들이고 표현할 수 있을 때 더욱 균형 잡힌 삶과 관계를 이룬다는 것을 깨달았다.

다른 사람들의 의견이나 판단에 덜 신경 쓰게 된다. 젊었을 때는 누군가의 비판이나 부정적인 평가에 쉽게 상처받고 흔들렸지만, 이제는 그런 것들이 단지 그 사람의 관점일 뿐이라는 것을 알게 되었다. 모든 사람을 만족시키는 것은 불가능하다. 또한 그것이 삶의 목표가 되어서는 안 된다.

인간관계에서도 과거에는 많은 사람과 넓은 관계를 유지하려 애썼지만 이제는 소수의 진정한 친구들과 깊고 의미 있는 관계를 맺는 것에 집중한다. 관계의 양이 줄어든 것이 아니라 질적으로 더 풍요로운 관계를 만들어가는 과정이다.

전에는 막연하게만 생각했던 '죽음'이라는 개념이 40대 후반에 접어들면서 훨씬 더 구체적이고 현실적으로 다가왔다. 죽음에 대한 구체적인 인식은 아이러니하게 인간을 자유롭게 만든다. 남은 시간이 제한되어 있다는 것이 피부로 다가오자 그 시간을 더 소중하게, 더 의미 있게 사용하고 싶어졌다.

이제는 더 이상 과거의 실수나 후회에 대해 집착하지 않는다. 어린 시절의 이기적이고 미숙했던 행동들을 생각하면 여전히 부끄러움이 밀려오지만 그것들이 나를 현재의 모습으로 만들어준 소중한 경험이었다는 것을 인정하기로 했다. 실수를 통해 배우고 성장한 나 자신을 받아들이는 것, 그것이 바로 진정한 자유의 시작이다.

완벽하지 않은 나 자신을 사랑하고, 타인의 불완전함도 이해하며 받아들이는 것. 젊어서 자유롭다는 착각에서 벗어나 진짜 자유가 무엇인지 알게 된 것만 해도 세월이 마냥 무색하게만 흘러간 것은 아니라는 생각이 든다. 젊은 시절의 열정과 패기는 값진 것이지만 나이 듦에 따라 얻게 되는 균형 잡힌 시각 또한 그에 못지않게 소중하다. 진정한 자유는 외부의 제약에서 벗어나면서 얻는 것이 아니라 내면에서 이루는 것임을 마음에 새긴다. 이것이 세월이 내게 준 가장 큰 선물이다.

경험을
지혜로 승화시키는 법

과거의 경험은 현재의 지혜가 된다.

블레즈 파스칼

경험은 지혜의 씨앗이고 성찰은 그 씨앗을 키우는 비료다.

프랜시스 베이컨

성장은 경험의 통찰에서 나오며
성숙은 경험을 바탕으로 한 선택에서 나온다.

마크 트웨인

지혜는 나이와 함께 오는 것이 아니라
경험과 성찰을 통해 얻어진다.

빅토르 위고

삶은 앞으로 살아가야 하지만 뒤돌아보며 이해해야 한다.

쇠렌 키르케고르

지혜는 자신이 경험한 고통을 이해하고,
그것을 바탕으로 더 나은 삶을 사는 능력이다.
에픽테토스

경험은 단순한 기억이 아니다. 경험은 삶을 풍요롭게 하는 소중한 자산이다. 경험은 오리지널리티(Originality)가 있다. 경험은 온전한 내 소유이다. 각자의 경험은 독특한 기억과 감정으로 구성되어 있다. 추억을 돈으로 살 수 없듯이 경험에서 비롯하는 성숙함과 지혜는 긴 시간이 필요하기 때문에 숫자로 값을 매길 수 없을 만큼 가치가 있다.

하지만 풍부한 경험이 걸림돌이 되기도 하는데, "내가 해봐서 아는데"와 같은 조언으로 전달될 때다. 경험은 소중한 가치이기는 하나 절대적인 것은 아니다. 풍부한 경험이 오히려 고집불통인 성격을 만드는 데 일조한다면 경험을 지혜로 쓰는 것이 아닌 독으로 쓰는 선택을 하는 것이다. 경험은 개인의 정신적, 감정적 자산을 축적하는 과정이다. 다만 이 과정에서 한

쪽으로 치우친 생각에 머물다 보면 어느새 편견이 확고하게
자리 잡을 수 있다.

경험이 지혜로 승화되기 위해서는 객관적 성찰이 필요하
다. 같은 상황이라도 시대와 맥락에 따라 다른 해석이 가능하
고, 각자의 처지와 환경에 따라 다른 선택이 옳을 수 있다. "내
가 해봐서 아는데"라며 훈수를 두듯 말한다면 상대방의 고유
한 경험을 가로막는 장벽이 될 수 있다. 진정한 지혜는 자신의
경험을 절대화하지 않는 데서 시작한다. 자신의 경험이 절대
진리가 아니라는 것을 인정하는 것이다.

경험의 진정한 가치는 '그를 통해 얼마나 유연한 사고를 할
수 있게 되었는가'에 있다. 많은 경험을 했다고 해서 반드시
더 현명해지는 것은 아니다. 오히려 자신의 경험만을 고집하
다 보면 새로운 가능성을 보지 못한다. 세상은 끊임없이 변화
하고 있기에 과거의 경험이 현재에 그대로 적용되지 않는 경
우가 더 많다.

경험을 통해 얻은 교훈을 절대적인 것이 아닌 하나의 참고 사항으로 여길 필요가 있다. 경험은 소중하지만 무수히 많은 가능성 중 하나일 뿐이다. 진정한 지혜는 자신의 경험을 기반으로 하되, 다른 사람의 경험과 관점도 열린 마음으로 받아들일 때 생긴다. 특히 세대 간의 소통에서 더욱 중요하다.

기성세대의 경험은 분명 가치 있는 것이지만 젊은 세대의 새로운 시도를 가로막는 장애물이 되어서는 안 된다. 각 세대는 자신만의 고유한 경험을 통해 성장하고 발전한다. 환경이 다르고 시대가 다르기 때문이다. 경험의 가치는 어떻게 활용하느냐에 달려 있다. 경험을 통해 이해심 많은 사람이 된다면 진정한 자산이 된다. 그러나 경험을 통해 고집과 편견이 가득한 사람이 된다면 오히려 한계로 작용한다. 경험에서 얻은 교훈을 중요하게 여기되 그것이 현재와 미래의 새로운 가능성을 가로막는 장애물이어서는 안 된다.

경험을 지혜로 승화시키는 핵심은 공감하는 마음에 있다. 모든 이가 자신만의 고유한 경험을 통해 성장할 권리가 있음을 인정해야 한다. 이것이야말로 연장자가 쌓아온 경험을 진정한 지혜로 승화시키는 길이다. 인간은 본래 조언을 강요하는 사람보다 따뜻하게 공감해주는 이를 더 신뢰하기 마련이다. 인간의 본성을 이해하는 것, 그것이 바로 지혜의 시작이다. 긴 세월을 통해 이 진리를 깨달은 이들은 타인의 시행착오를 너그럽게 바라보는 혜안을 갖게 된다.

시간이 빚어낸
지혜의 결정체로
거듭난다

ㅏ…   …月

정신이 젊으면 창조력은 나이를 모른다.

벤저민 프랭클린

높은 산에 오르면 멀리 보인다.

장자

인생의 황금기는 정신이 원숙해지는 시기다.

벤저민 디즈데일리

나이는 단순한 신체의 나이를 말한다.
정신은 그 자체로 젊을 수 있다.

버트런드 러셀

내가 나이를 먹으면서도 계속해서 창조하고,
변할 수 있는 것은 바로 마음의 자유 때문이다.

파블로 피카소

인생의 가치는 나이에 따라 결정되는 것이 아니라
우리가 어떻게 살아왔는가에 따라 결정된다.

알베르트 슈바이처

나이가 들면 육체적 쇠락을 막을 수 없다. 모든 인간은 나이가 들고, 신체적 기능은 점차 하락한다. 노년을 불행하다고 여기는 이유도 대부분 신체적 쇠퇴 때문이다. 인간은 나이가 들면서 육체적인 기능은 쇠락하지만 정신적인 활동은 노년에 이르러서 전성기를 맞는다. 인문학자의 전성기는 60대이다. 하지만 젊은 시절에 정신적 활동을 하지 않는 사람이 갑자기 노년에 이르러서 정신적으로 전성기를 맞지는 못한다. 정신적 전성기는 저절로 찾아오는 것이 아니다. 젊은 시절부터 꾸준히 쌓아온 지적 자산과 끊임없는 호기심, 배움에 대한 겸손한 자세가 있어야 한다. 책을 가까이하고, 새로운 것에 대한 관심을 잃지 않으며, 자신의 생각을 정리하고 표현하는 습관이 필요하다.

불로장생을 꿈꾸던 진시황도, 청춘의 샘을 찾아 헤맸던 후안 폰세 데 레온도 이루지 못했던 장수의 비결은 활발한 정신적 활동이다. 칸트는 80세까지 왕성한 저술 활동을 했으며, 괴테는 82세에 《파우스트》 제2부를 완성했다. 톨스토이는 82세까지 창작에 몰두했고, 베르디는 80세에 오페라 〈팔스타프〉를 작곡했다. 지속적인 정신적 활동이야말로 진정한 장수의 비결이었던 것이다.

　늙어서 가장 슬픈 일은 젊은이들에게 성가신 존재로 취급받는 것인데 정신적 전성기를 맞은 노년은 젊은이들의 롤 모델이 된다. 성가신 존재가 아니라 존경과 배움의 대상이 되는 것이다. 단순히 나이 든 것이 아니라 시간이 빚어낸 지혜의 결정체로서 존재한다.

　정신적 활동의 절정을 맞이한 노인들은 현대 사회에서 단순한 경험의 전달자가 아니다. 그들은 빅데이터와 인공지능 시대에도 대체할 수 없는 통찰력과 지혜를 가진 존재다. 평생 쌓아온 지적 자산은 젊은 세대에게 삶의 나침반이 되어주고 새로운 희망을 보여준다. 나이 듦이 단순한 쇠퇴가 아니라 또 다른 성장의 기회로 확장될 수 있다는 것을 알려준다.

특히 인문학 분야에서 정신적 성숙은 더욱 빛을 발한다. 역사, 철학, 문학은 단순한 암기나 이해를 넘어 삶의 경험과 맞물려 더 깊은 의미를 만들어낸다. 젊었을 때 읽었던 책을 다시 읽으면 전혀 다른 깨달음을 얻는 것도 이 때문이다. 시간이 흐르며 깊어진 삶의 통찰이 글 속에 숨은 또 다른 의미를 보여준다.

나이 듦이 두려운 것은 육체적 쇠약 때문만이 아니다. 사회적 역할의 축소, 관계의 단절, 존재감의 상실 등이 사람을 위축시킨다. 그러나 정신적 성장을 멈추지 않는 노년은 다르다. 여전히 배움의 즐거움을 알고, 새로운 도전을 두려워하지 않으며, 자신만의 독특한 통찰을 세상과 나눌 줄 안다.

노년의 정신적 전성기는 얄팍한 위안이 아니다. 인생이라는 긴 여정의 정점에서 맛보는 가장 달콤한 열매다. 육체는 쇠약해질지언정 정신은 더욱 깊어지고 넓어지며 원숙해진다. 이것이야말로 진정한 의미의 성공적 노화이며, 모든 세대가 지향해야 할 이상적인 노년의 모습이다. 정신의 성장에는 끝이 없다. 오히려 시간이 쌓일수록 더 깊어지고 풍요로워질 수 있다. 자연이 우리에게 준 가장 큰 선물이자 인생 후반전의 가장 큰 기쁨이다. 노년의 정신적 전성기는 삶의 마무리가 아닌 새로운 시작이다.

경험으로 만든 깊이는
무엇도 대신할 수 없다

우리는 젊어서 배우고 나이 들어서 이해한다.

마리 폰 에브로 예센바흐

하루아침에 도를 깨닫는다 해도,
그 깨달음은 만년의 공부 위에 피어난 꽃이다.

혜능

서두르는 자는 진리를 보지 못한다.

도겸

성급함은 지혜의 가장 큰 적이다.

장 자크 루소

느리게 자란 나무가 가장 단단하다.

홍자성

사막의 지혜는 하루 만에 피는 꽃이 아니라
수천 년의 바람이 만든 모래 언덕과 같다.
칼릴 지브란

깊은 산골 마을에 한 대장장이가 살았다. 그는 40년 동안 같은 자리에서 대장간을 지켰다. 젊은 시절에는 화려한 칼과 장식품을 만드는 것을 좋아하던 그는 나이가 들어서는 단순한 장식품을 만들었다. 대신 기술은 젊은 시절보다 더욱 견고해졌다. 어느 날 도시에서 금속공예를 배웠다는 청년이 대장장이를 찾아와 도전장을 냈다. 누가 더 좋은 농기구를 만들 수 있는지 겨뤄보자는 제안에 대장장이는 고개를 끄덕였다.

둘은 같은 양의 쇠를 받아 호미를 만들기 시작했다. 청년은 최신 기술을 모두 동원했다. 화려한 문양도 새기고, 광택도 냈다. 반나절 만에 완성된 청년의 호미는 보기에 훌륭했다. 대장장이는 천천히 작업했다. 쇠를 달구고, 식히고, 또 달구고를 반복했다. 청년이 보기에는 쓸데없이 시간을 낭비하는 것 같았다. 해가 저물어서야 대장장이는 호미를 완성했다. 겉보기에는 평범한 호미였다.

마을 농부들이 심판이 되어 두 호미를 한 달간 사용해보기로 했다. 청년의 호미는 처음에는 잘 들었다. 하지만 2주가 지나자 날이 무뎌지고, 한 달이 되자 자루가 흔들리기 시작했다. 대장장이의 호미는 달랐다. 한 달이 지나도 처음과 같은 날카로움을 유지했고, 자루는 점점 더 손에 익었다. 농부들은 대장장이의 호미가 더 낫다고 판정했다.

청년은 궁금했다.

"어르신의 비결이 무엇입니까?"

대장장이가 대답했다.

"쇠를 달굴 때마다 내가 40년간 실수했던 순간들을 떠올렸네. 식힐 때마다 그 실수를 통해 배운 교훈을 새겼어. 망치질을 할 때마다 수천 명의 농부가 내 호미로 땅을 팠던 순간들을 생각하기도 했네. 나는 호미를 만든 게 아니라 40년의 시간을 쇠에 담은 셈이지."

청년은 그제야 깨달았다. 진정한 기술은 단순히 지식을 쌓는 것이 아니라 시간이라는 스승 앞에서 겸손히 배우는 것임을. 청년은 대장장이의 제자가 되기로 했다. 세월이 흘러 청년이었던 그가 중년이 되었을 때 농부들은 그가 만든 호미를 며칠씩 기다렸다. 더는 화려하지 않았지만 세월이 만든 지혜가 녹아 있었다. 대장간의 불꽃처럼, 지혜는 천천히 그러나 뜨겁게 피어오른다. 그 열기는 시간이라는 물에 담금질되어 더욱 단단해진다. 완성되는 데는 오래 걸리지만 한번 완성된 지혜는 쉽게 무뎌지지 않는다. 마치 대장장이의 호미처럼.

진정으로 가치 있는 것은 시간이 만들어낸다. 지혜 역시 시간이라는 연마석이 있어야만 빛을 발한다. 시간이 만든 깊이는 아무것도 대신할 수 없다. 칠순이 넘으신 부모님의 말씀에는 뼈가 들어 있는 경우가 있는데, 인생이라는 여정이 만들어낸 깊은 샘물처럼 느껴진다.

선불교에는 "청산은 흔들리지 않고 늘 거기 있되, 흰 구름은 스스로 오가네"라는 말이 있다. 진정한 지혜가 시류에 휘둘리지 않고 깊이 있게 자리 잡은 모습이 그려진다. 마치 큰 나무가 계절의 변화를 겪으며 더욱 단단해지는 것처럼, 지혜도 삶의 굴곡을 겪으며 성장한다. 지혜는 오래 숙성해야 하는 술과 같다. 하루아침에 익지 않고, 긴 시간 동안 천천히 발효되며 깊은 맛을 만들어낸다. 우리는 삶이라는 여정에서 시행착오를 겪고 성찰하며, 그 과정에서 조금씩 지혜라는 향기로운 술을 빚어가고 있다.

나이를 잊고
마음으로 소통한다

젊은이와 노인은 함께 살아야 한다.
젊은이는 속도를, 노인은 방향을 제시한다.

조지 버나드 쇼

나이 듦은 연대기의 끝이 아니라
그동안의 삶을 통해 얻은 통찰을 세상과 나누는 시작점이다.

윌리엄 셰익스피어

노인은 과거를 통해 지혜를 얻고
젊은이는 그것을 바탕으로 미래를 만든다.

프란츠 카프카

젊은이는 꿈을 꾸어야 하고, 노인은 비전을 제시해야 한다.

조엘 아서 바커

노인에게서 배우고 젊은이에게서 영감을 얻어라.

존 우든

> 우리는 모두 늙어가지만 마음까지 늙을 필요는 없다.
>
> 조지 번스

가끔 엘리베이터에서 위층 할머니를 만난다. 반갑게 인사를 하고 1층까지 내려가면서 우리는 이야기꽃을 피운다. 어르신은 92세로 지혜로우신 분이라 대화는 항상 즐겁다. 짧지만 일상다반사부터 삶의 다양한 주제에 관한 92세 어르신의 연륜과 현명함을 느낄 수 있어 대화는 항상 즐겁다. 어르신은 가르치려 들지 않는다. 대화를 경쾌하게 풀어나가는 유머감각도 갖추셨다. 항상 웃는 얼굴로 인사를 하시고, 헤어질 때는 해드린 것도 없는데 나에게 감사하다고 하신다.

프랑스 파리에서 가장 인상 깊은 곳이라면 골목마다 들어선 노천카페라고 할 수 있다. 파리의 노천카페가 유명한 이유는 파리의 열악한 주거환경 때문이다. 서울시의 6분의 1정도 면적인 파리는 집이 좁고 오래되었는데 렌트하는 데 들어가는 비용은 비싸다. 5평 원룸에 공동 화장실을 쓰는 집의 월세가 100만 원 수준이다. 파리 사람들은 그래서 카페에서 많은 것을 해결한다. 친구도 카페에서 만나고, 밥도 카페에서 먹고, 술도 카페에서 마신다. 카페에서 가장 많이 눈에 띄는 연령대는 노년층이다. 은퇴한 어르신들이 카페에서 젊은이들과도 곧잘 어울린다. 젊은이들과 카페에 앉아 열띤 토론을 하는 어르신도 자주 볼 수 있다.

프랑스는 사회변동의 폭이 크지 않았다. 우리나라는 세계 역사상 찾아볼 수 없을 정도로 급격한 산업화를 맞이했다. 다른 나라는 200년이나 300년이 걸린 일을 우리는 70년 만에 해냈다. 그러한 급속 성장의 부작용 중 하나가 세대 간 갈등이다. 어르신들과 젊은이들이 함께 어울려 친구가 되기 어려운 환경이다.

유교문화는 나이에 따른 위계질서를 중요하게 여긴다. 초면에 나이부터 묻는다. 이런 문화의 피해자는 노년층이다. 젊은이들과 격의 없이 어울리고 싶어도 불편해하기 때문이다. 수평적 관계 문화에서는 초면에 나이를 묻지 않는다. 우리나라에서 75세 인턴과 35세 사장의 우정을 그린 영화 〈인턴〉 같은 스토리를 기대하기 어려운 이유이기도 하다. 나이에 따른 수직적인 문화에서 수평적인 관계를 기대하기란 힘들어 보인다.

나이에 따른 위계질서보다는 서로를 인격체로 존중하는 문화를 만든다면 우리 사회가 얼마나 건강해질지 상상해 보았다. 어르신들은 자신의 경험과 지혜를 강요하지 않고, 젊은이들은 어르신들을 존중하면서도 편안하게 대할 수 있는 분위기가 필요하다. '어르신' 하면 모셔야 할 것 같고, 불편하고 어려울 것 같지만 젊은이들에게 꼬박꼬박 존대를 하며 언제든 청년들의 이야기를 들을 준비가 되어 있는 마음이 열려 있는 분들도 많다.

어르신들의 경험과 지혜를 젊은 세대와 공유한다면 젊은이들은 좀 더 큰 관점에서 인생을 바라볼 수 있다. 서로 도통 이해할 수 없었던 이유는 그만큼 교류가 부족했기 때문이다. 어르신들은 젊은이와 허심탄회하게 교류하면서 새로운 세대의 가치관과 문화를 이해하는 폭이 커져간다면 세대 간 갈등은 줄어든다.

어르신들의 경험과 지혜, 젊은이들의 새로운 아이디어와 에너지가 조화롭게 어우러질 때 우리 사회는 정서적으로 풍요롭고 건강해질 수 있다. 세대 간 격차와 갈등 해소의 차원을 넘어 서로 위로하고 공감을 나누는 분위기를 만들 수 있다면 사회 전체의 창의성과 문제 해결 능력을 높이는 길이 될 것이다.

새로운 층위의 삶 가운데
느낀 것

나이가 든다는 것은 더 많은 시간을 가지는 것이 아니라
더 많은 의미를 가지는 것이다.

프란체스코 페트라르카

시간은 최고의 약이자 최고의 스승이니
모든 것을 받아들이는 법을 가르쳐준다.

노자

경험으로 얻은 주름을 자부심으로 받아들이는 것이
지혜롭게 나이 드는 비결이다.

랄프 왈도 에머슨

우리는 나이가 들면서 점점 더 많이 아는 것이 아니라
더 중요한 것을 아는 법을 배운다.

파울로 코엘료

나이가 들수록 마음의 눈이 더욱 밝아진다.

이븐 시나

시간은 최고의 작가다. 언제나 완벽한 결말을 써 낸다.

찰스 디킨스

　나는 '할미 입맛'이 되었다. 약과는 최애 과자이고, 무슨 맛으로 먹는지 이해가 되지 않았던 단감과 홍시는 가장 좋아하는 과일이 되었다. 유과나 한과 같은 과자를 끼고 살고, 쳐다보지도 않았던 양갱을 마트에 가면 꼭 사온다. 몇 년 전까지만 해도 상상할 수 없는 변화이다. 이젠 떡볶이가 그닥 당기지 않는다. 그렇게 좋아하던 튀김도, 고기도, 매운 것도 먹지 않는다. 대신 찐 옥수수의 담백함과 식감을 즐기고, 아침에 천천히 마시는 우엉차의 구수한 향을 음미하며, 가장 좋아하는 반찬은 제철 나물이다.

그래서 나이를 먹어가는 재미가 있다. 새로운 즐거움과 새로운 맛, 인생을 바라보는 새로운 관점이 생긴다는 짜릿함이 있다. 시간과 함께 '나'라는 존재가 겪는 변화를 새록새록 발견한다. 예전에는 이해할 수 없었던 어른들의 습관이나 사고방식을 이제야 공감하기도 한다. 비가 오기 전에 온몸에서 신호가 온다는 게 어릴 적에는 그렇게 신기했다. 어른들이 무릎을 문지르며 "내일은 비가 올 거야"라고 말씀하실 때마다 왜 그런지 궁금했는데 어느 순간부터 나도 무릎과 어깨가 날씨를 예고하기 시작했다.

　　새로운 즐거움도 계속해서 발견한다. 젊을 때는 몰랐던 계절의 변화가 이제는 온몸으로 느껴진다. 봄바람의 따스함, 여름 새벽의 선선함, 가을 햇살의 온도, 겨울 눈의 고요함까지. 매 순간 자연이 선물하는 작은 변화들이 특별하게 다가온다. 꽃만 보면 좋아 어쩔 줄 모르면서 연신 사진을 찍는 어르신들의 모습이 이제는 나의 모습이 되었다. 운전이 거친 편이라 과속방지턱을 넘을 때면 머리를 천정에 '콩' 하고 부딪힐 정도였는데 차분하게 운전하는 편안함을 알게 되면서 더 이상 혈기를 이상한 데 쓰지 않는다.

25살의 나이에 노화가 멈춰 영원한 젊음을 누리고 사는 영화 〈인 타임〉을 보며 그들을 부러워했다. 하지만 이제는 나이가 들면서 새로운 변화를 겪다 보니 젊은 육체로 영원히 산다는 것이 얼마나 지루한 일인지 알게 되었다. 변화 없는 삶이란 얼마나 단조로운가. 25살의 육체적 나이로 세상을 바라본다면, 노화를 경험할 수 없기에 깊이 있는 통찰도, 늙어가면서 우러나오는 지혜도 얻을 수 없을 것이다. 나이 듦은 새로운 층위의 삶을 경험하게 해주는 선물이다.

영원한 젊음은 영원한 미완성을 의미하는 것일지도 모른다. 미완성으로 남은 그림처럼 깊이를 더해가지 못하는 삶이 될 수 있다. 영원한 젊음보다 소중한 것은 매 순간 새로운 나를 발견하는 기쁨이다. 시간이 흐르면서 겪는 모든 변화가 결국 나를 매일 새로운 사람으로 만들어준다.

앞으로 다가올 변화도 기대된다. 어떤 새로운 맛을 알게 될지, 어떤 즐거움을 발견하게 될지 궁금하다. 이런 변화들은 마치 새로운 언어를 배우는 것과 같다. 처음에는 낯설고 어색하지만 시간이 지날수록 자연스럽게 내 것이 된다. 그 언어로 세상을 바라보면, 전에는 보지 못했던 새로운 의미와 아름다움이 보인다. 시간이 가면 자연스럽게 새로운 언어를 배울 수 있다니! 나이 든다는 것은 긴 인생에서만 맛볼 수 있는 경이로운 과정이다.

열정과의 전투를 끝낸
자유와 해방

진정한 자유는 아무것도 원하지 않는 것이다.

장자

삶을 단순하게 만들 필요가 있다.
과거의 욕망과 집착을 내려놓는 것이 노년을 즐기는 방법이다.

미셸 드 몽테뉴

나이가 들수록 행복은 흥분이 아닌
평화에 있다는 것을 깨닫게 된다.

줄리안 반스

나이가 들면 세상의 속도가 점차 느려진다.
시간이 지나감에 따라
우리는 점차 자신만의 진리와 평화를 찾는다.
여유란 속도에서 벗어나 본질을 바라보는 것이다.

한나 아렌트

시간은 지나가지만
나는 내 안에 모든 시간을 담아내며 존재한다.
아우구스티누스

한계를 아는 것이 진정한 지혜의 시작이다.
소크라테스

펄펄 끓던 열정이 한순간에 사라졌다. 마흔을 넘기자 거짓말처럼 뜨거웠던 열정은 차디차게 식어 있었다. 체력이 절반으로 훅 떨어져 열정은 고사하고 당장 앞에 놓인 일도 해결하기가 힘들었다. 그리고 나는 깨달았다. 나 스스로를 열정 가득한 사람이라는 프레임에 가둬놓고 빠져나오지 못하게 만들고 있었다는 것을.

열정이 사라진 자리에 무엇을 채워 넣어야 할지 머릿속이 새하얘졌다. 머리카락도 같이 새하얗게 변했다. 나는 그제야 알게 되었다. 열정은 연령적 특성이라는 것을… 젊은 시절 남아도는 혈기로 열정이라는 장작불을 마구 지피고 있던 것이다. 나는 그 혈기로 인해 본인을 열정적인 사람이라고 착각하고 있던 것이다. 그렇게 몇 년을 체력과 열정을 잃은 채로 방황을 했다. 지금 그 시절을 되돌아보면 열정 가득한 나보다 오히려 힘이 빠진 지금의 내가 더 편하다.

체력과 열정이 넘치던 시절에는 세상의 온갖 욕망과 전투 중이었다. 열정만 가득하면, 내가 열심히만 하면 원하는 욕망을 다 얻을 수 있을 것만 같았다. 하지만 열정은 체력과 함께 소진되었다. 그 자리에 남은 건 고요함과 평온함이었다. 더 이상 세상과 싸우지 않아도 된다는 해방감이 찾아왔다. 열정이라는 이름으로 나를 채찍질하던 강박에서 벗어난 것이다.

이전에는 모든 것을 해내야 한다는 압박감에 시달렸다. 새로운 프로젝트를 시작하면 주말도 반납하고 밤을 새워가며 일했다. 그것이 열정적인 삶이라고 믿었다. 하지만 그것은 열정을 가장한 강박이었다는 것을 깨달았다. 자연스럽게 욕심도 줄었다. 모든 것을 가져야 한다는 집착에서 벗어나니 오히려 마음이 더 풍요로워졌다. 열정이 식어가는 것을 두려워하던 내게, 평온함이라는 새로운 선물이 찾아온 것이다.

이제는 천천히 일어나 하루를 시작한다. 예전처럼 벌떡 일어나 메일부터 확인하지 않는다. 급할 것도, 서둘러야 할 것도 없다. 시간의 속도가 달라졌다. 열정이 식어간다는 것은 슬픈일이 아니다. 그것은 새로운 시작이다. 마치 폭풍우가 지나간 뒤에 찾아오는 고요함처럼 내 안에 잔잔한 평화가 가득하다. 더 이상 누군가와 비교하며 조바심을 내지 않게 되었다.

인간관계도 달라졌다. 예전에는 많은 사람과 네트워킹을 하느라 바빴다. 그것도 일종의 열정이었다. 지금은 진정한 친구들과의 관계에만 집중한다. 깊이 있는 대화 한 번이 수많은 모임보다 더 값지다는 것을 알게 되었다.

일상의 작은 순간들이 아름답게 보인다. 창밖으로 보이는 하늘의 색깔, 커피잔에 피어오르는 김, 길가에 핀 들꽃의 모습까지. 열정에 사로잡혀 있을 때는 보이지 않던 것들이 이제는 선명하게 보인다.

돈을 바라보는 시각도 달라졌다. 더 많이 벌어야 한다는 강박에서 벗어나니 오히려 재정적인 여유가 생겼다. 정말 필요한 것이 무엇인지 분별할 수 있으니 불필요한 소비가 줄었다.

미래를 바라보는 관점도 변화했다. 더 이상 거창한 목표는 세우지 않는다. 대신 하루하루를 충실히 살아가는 것에 집중한다. 그것이 오히려 더 멀리 가는 방법이라는 생각이 든다. 이제 나는 좀 알 것 같다. 열정의 소진이 끝이 아니라는 것을. 그것은 새로운 시작이다. 체력과 함께 사라진 열정은 내게 더 큰 선물을 주었다. 평온함, 지혜 그리고 진정한 자유를. 더 이상 열정이라는 이름으로 나를 소진시키지 않는다. 대신 나만의 리듬으로, 나만의 속도로 살아간다. 이것이 진정한 해방이다. 열정이라는 이름의 굴레에서 벗어나 있는 그대로의 나를 받아들이는 자유.

이 책의 본문에는 '을유1945' 서체를 사용했습니다.

하루 한 줄
인생 명언 365

초판 발행	2025년 4월 18일
지은이	김시현
펴낸곳	다른상상
등록번호	제399-2018-000014호
전화	02)3661-5964
팩스	02)6008-5964
전자우편	darunsangsang@naver.com
ISBN	979-11-93808-27-6 (03190)

독자 여러분의 책에 관한 아이디어나 원고 투고를 설레는 마음으로 기다리고 있습니다.
이메일로 간단한 개요와 취지, 연락처를 보내주세요. 독자님과 함께하겠습니다.